总第 97 辑 (2024.1)

中国审判指导丛书

民事审判指导与参考

最高人民法院民事审判第一庭 编

人民法院出版社

图书在版编目（CIP）数据

民事审判指导与参考. 总第97辑 / 最高人民法院民事审判第一庭编. -- 北京：人民法院出版社，2025.1. --（中国审判指导丛书）. -- ISBN 978-7-5109-4398-0

Ⅰ. D925.118.2

中国国家版本馆CIP数据核字第2024Q0A139号

民事审判指导与参考　2024年第1辑（总第97辑）

最高人民法院民事审判第一庭　编

责任编辑	丁丽娜
出版发行	人民法院出版社
地　　址	北京市东城区东交民巷27号（100745）
电　　话	（010）67550608（责任编辑）　67550558（发行部查询） 　　　　65223677（读者服务部）
客服QQ	2092078039
网　　址	http://www.courtbook.com.cn
E－mail	courtpress@sohu.com
印　　刷	河北鑫兆源印刷有限公司
经　　销	新华书店
开　　本	787毫米×1092毫米　1/16
字　　数	205千字
印　　张	13.75
版　　次	2025年1月第1版　2025年1月第1次印刷
书　　号	ISBN 978-7-5109-4398-0
定　　价	68.00元

版权所有　侵权必究

《民事审判指导与参考》
编辑委员会

编委会主任 贺小荣

编委会副主任 陈宜芳　蔡金芳　吴景丽　杜　军

　　　　　　　　刘银春　汪治平

编委会委员 （以姓氏笔画为序）

　　　　　　于　蒙　万　挺　王　丹　王永明

　　　　　　王　灯　冯文生　江继海　危浪平

　　　　　　李赛敏　刘忠伟　汪　军　张　闻

　　　　　　张　艳　金　悦　赵俊甫　赵凤暴

　　　　　　高燕竹　谢爱梅　谢　勇　潘　杰

执 行 编 辑 谢　勇　王永明

执行编辑助理 张一宸

特约编委

北京高院	史德海	湖南高院	孙元清
天津高院	王会君	广东高院	刘样发
河北高院	宋晓玉	广西高院	谭庆华
山西高院	王 东	海南高院	詹润红
内蒙古高院	孙 磊	重庆高院	田晓梅
辽宁高院	王 刚	四川高院	周 静
吉林高院	白金城	贵州高院	杨方程
黑龙江高院	王 剑	云南高院	崔 艳
上海高院	殷勇磊	西藏高院	琼 巴
江苏高院	魏 明	陕西高院	王建敏
浙江高院	陈建勋	甘肃高院	刘 恒
安徽高院	何爱武	青海高院	齐卫军
福建高院	陈 敏	宁夏高院	武靖非
江西高院	熊 杰	新疆高院	宋振芹
山东高院	戴 磊	兵团法院	徐丽丽
河南高院	朱正宏	军事法院	李 毅
湖北高院	邵远红		

特约通讯员

北京高院	程惠炳	湖南高院	胡翔俊
天津高院	段昊博	广东高院	刘史丹
河北高院	郭 涛	广西高院	张 芳
山西高院	张华峰	海南高院	麦 琳
内蒙古高院	党宏艳	重庆高院	明 鹭
辽宁高院	郝 宁	四川高院	曾扬阳
吉林高院	岳 航	贵州高院	龙 夔
黑龙江高院	边世民	云南高院	王俊杰
上海高院	洪 波	西藏高院	旦增罗布
江苏高院	秦岸东	陕西高院	滕欣燕
浙江高院	陈逸群	甘肃高院	刘建军
安徽高院	王惠玲	青海高院	王 微
福建高院	杨 静	宁夏高院	宋成祥
江西高院	吴玉萍	新疆高院	马忠雄
山东高院	陈东强	兵团法院	张志伟
河南高院	刘 寒	军事法院	田昕鑫
湖北高院	王 艳		

目 录

【民法典侵权责任编司法解释（一）专题】

最高人民法院

关于适用《中华人民共和国民法典》侵权责任编的解释（一）

（2024年9月25日） ………………………………………（ 1 ）

《最高人民法院关于适用〈中华人民共和国民法典〉侵权责任编的

解释（一）》的理解与适用

………………………………… 陈宜芳　杜　军　潘　杰（ 7 ）

交强险投保义务人未履行投保义务的责任

——《最高人民法院关于适用〈中华人民共和国民法典〉侵权

责任编的解释（一）》第二十一条的理解与适用

……………………………………………………… 汪治平（28）

侵权责任编司法解释关于监护人责任规定适用争议的解决方案

……………………………………………………… 潘　杰（42）

我国侵权法上用人者责任规则的完善与发展 ………… 程　啸（68）

【食品药品惩罚性赔偿司法解释专题】

最高人民法院
 关于审理食品药品惩罚性赔偿纠纷案件适用法律
  若干问题的解释
   （2024年8月21日）……………………（92）
最高人民法院关于发布《最高人民法院关于审理食品药品
 惩罚性赔偿纠纷案件适用法律若干问题的解释》及食品
 安全惩罚性赔偿典型案例的新闻发布稿……………（98）
最高人民法院民事审判第一庭有关负责人就《最高人民法院
 关于审理食品药品惩罚性赔偿纠纷案件适用法律若干问题的
 解释》答记者问……………………………………（103）
《最高人民法院关于审理食品药品惩罚性赔偿纠纷案件
 适用法律若干问题的解释》的理解与适用
  ……………陈宜芳 吴景丽 谢 勇 王永明（108）
最高人民法院积极构建更加科学合理的食品药品惩罚性
 赔偿制度………………………………………王利明（124）
最高人民法院食品药品惩罚性赔偿司法政策的"变与不变"
 ……………………………………………………王毓莹（129）
适用食品药品惩罚性赔偿制度的政策目标、法律依据和
 政策路径………………………………………谢 勇（134）
食品安全惩罚性赔偿典型案例………………………（150）

【涉产品质量专题】

最高人民法院关于发布涉产品质量典型案例的新闻发布稿
 …………………………………………………………（157）

涉产品质量典型案例 ……………………………………（161）

【理论前沿】

夫妻间给予房产问题研究 ………………………… 王　丹（171）

【最高人民法院案件解析】

承保诉讼财产保全责任保险的保险公司应负赔偿责任性质的认定
　　——上诉人某建设公司、某保险公司与被上诉人某学院
　　　因申请财产保全损害责任纠纷案 ………………… 于　蒙（195）

【民法典侵权责任编司法解释（一）专题】

最高人民法院
关于适用《中华人民共和国民法典》侵权责任编的解释（一）

法释〔2024〕12号

(2023年12月18日最高人民法院审判委员会第1909次会议通过 2024年9月25日最高人民法院公告公布 自2024年9月27日起施行)

为正确审理侵权责任纠纷案件，根据《中华人民共和国民法典》、《中华人民共和国民事诉讼法》等法律规定，结合审判实践，制定本解释。

第一条 非法使被监护人脱离监护，监护人请求赔偿为恢复监护状态而支出的合理费用等财产损失的，人民法院应予支持。

第二条 非法使被监护人脱离监护，导致父母子女关系或者其他近亲属关系受到严重损害的，应当认定为民法典第一千一百八十三条第一款规定的严重精神损害。

第三条 非法使被监护人脱离监护，被监护人在脱离监护期间死亡，作为近亲属的监护人既请求赔偿人身损害，又请求赔偿监护关系受侵害产生的损失的，人民法院依法予以支持。

第四条 无民事行为能力人、限制民事行为能力人造成他人损害，被侵权人请求监护人承担侵权责任，或者合并请求监护人和受托履行监护职责的人承担侵权责任的，人民法院应当将无民事行为能力人、限制民事行为能力人列为共同被告。

第五条 无民事行为能力人、限制民事行为能力人造成他人损害，被侵权人请求监护人承担侵权人应承担的全部责任的，人民法院应予支持，并在判决中明确，赔偿费用可以先从被监护人财产中支付，不足部分由监护人支付。

监护人抗辩主张承担补充责任，或者被侵权人、监护人主张人民法院判令有财产的无民事行为能力人、限制民事行为能力人承担赔偿责任的，人民法院不予支持。

从被监护人财产中支付赔偿费用的，应当保留被监护人所必需的生活费和完成义务教育所必需的费用。

第六条 行为人在侵权行为发生时不满十八周岁，被诉时已满十八周岁，被侵权人请求原监护人承担侵权人应承担的全部责任的，人民法院应予支持，并在判决中明确，赔偿费用可以先从被监护人财产中支付，不足部分由监护人支付。

前款规定情形，被侵权人仅起诉行为人的，人民法院应当向原告释明申请追加原监护人为共同被告。

第七条 未成年子女造成他人损害，被侵权人请求父母共同承担侵权责任的，人民法院依照民法典第二十七条第一款、第一千零六十八条以及第一千一百八十八条的规定予以支持。

第八条 夫妻离婚后，未成年子女造成他人损害，被侵权人请求离异夫妻共同承担侵权责任的，人民法院依照民法典第一千零六十八条、第一千零八十四条以及第一千一百八十八条的规定予以支持。一方以未与该子女共同生活为由主张不承担或者少承担责任的，人民法院不予支持。

离异夫妻之间的责任份额，可以由双方协议确定；协议不成的，人民法院可以根据双方履行监护职责的约定和实际履行情况等确定。实际承担责任超过自己责任份额的一方向另一方追偿的，人民法院应予支持。

第九条 未成年子女造成他人损害的，依照民法典第一千零七十二条第二款的规定，未与该子女形成抚养教育关系的继父或者继母不承担监护人的侵权责任，由该子女的生父母依照本解释第八条的规定承担侵权责任。

第十条 无民事行为能力人、限制民事行为能力人造成他人损害，被侵权人合并请求监护人和受托履行监护职责的人承担侵权责任的，依照民法典第一千一百八十九条的规定，监护人承担侵权人应承担的全部责任；受托人在过错范围内与监护人共同承担责任，但责任主体实际支付的赔偿费用总和不应超出被侵权人应受偿的损失数额。

监护人承担责任后向受托人追偿的，人民法院可以参照民法典第九百二十九条的规定处理。

仅有一般过失的无偿受托人承担责任后向监护人追偿的，人民法院应予支持。

第十一条 教唆、帮助无民事行为能力人、限制民事行为能力人实施侵权行为，教唆人、帮助人以其不知道且不应当知道行为人为无民事行为能力人、限制民事行为能力人为由，主张不承担侵权责任或者与行为人的监护人承担连带责任的，人民法院不予支持。

第十二条 教唆、帮助无民事行为能力人、限制民事行为能力人实施侵权行为，被侵权人合并请求教唆人、帮助人以及监护人承担侵权责任的，依照民法典第一千一百六十九条第二款的规定，教唆人、帮助人承担侵权人应承担的全部责任；监护人在未尽到监护职责的范围内与教唆人、帮助人共同承担责任，但责任主体实际支付的赔偿费用总和不应超出被侵权人应受偿的损失数额。

监护人先行支付赔偿费用后，就超过自己相应责任的部分向教唆人、帮助人追偿的，人民法院应予支持。

第十三条 教唆、帮助无民事行为能力人、限制民事行为能力人实施侵权行为，被侵权人合并请求教唆人、帮助人与监护人以及受托履行监护职责的人承担侵权责任的，依照本解释第十条、第十二条的规定认定民事责任。

第十四条 无民事行为能力人或者限制民事行为能力人在幼儿园、学校或者其他教育机构学习、生活期间，受到教育机构以外的第三人人身损害，第三人、教育机构作为共同被告且依法应承担侵权责任的，人民法院应当在判决中明确，教育机构在人民法院就第三人的财产依法强制执行后仍不能履行的范围内，承担与其过错相应的补充责任。

被侵权人仅起诉教育机构的，人民法院应当向原告释明申请追加实施侵权行为的第三人为共同被告。

第三人不确定的，未尽到管理职责的教育机构先行承担与其过错相应的责任；教育机构承担责任后向已经确定的第三人追偿的，人民法院依照民法典第一千二百零一条的规定予以支持。

第十五条 与用人单位形成劳动关系的工作人员、执行用人单位工作任务的其他人员，因执行工作任务造成他人损害，被侵权人依照民法典第一千一百九十一条第一款的规定，请求用人单位承担侵权责任的，人民法院应予支持。

个体工商户的从业人员因执行工作任务造成他人损害的，适用民法典第一千一百九十一条第一款的规定认定民事责任。

第十六条 劳务派遣期间，被派遣的工作人员因执行工作任务造成他人损害，被侵权人合并请求劳务派遣单位与接受劳务派遣的用工单位承担侵权责任的，依照民法典第一千一百九十一条第二款的规定，接受劳务派遣的用工单位承担侵权人应承担的全部责任；劳务派遣单位在不当选派工作人员、未依法履行培训义务等过错范围内，与接受劳务派遣的用工单位共同承担责任，但责任主体实际支付的赔偿费用总和不应超出被侵权人应受偿的损失数额。

劳务派遣单位先行支付赔偿费用后，就超过自己相应责任的部分向接受劳务派遣的用工单位追偿的，人民法院应予支持，但双方另有约定的除外。

第十七条 工作人员在执行工作任务中实施的违法行为造成他人损害，构成自然人犯罪的，工作人员承担刑事责任不影响用人单位依法承担民事责任。依照民法典第一千一百九十一条规定用人单位应当承担侵权责任的，在刑事案件中已完成的追缴、退赔可以在民事判决书中明确并扣减，也可以在执行程序中予以扣减。

第十八条 承揽人在完成工作过程中造成第三人损害的，人民法院依照民法典第一千一百六十五条的规定认定承揽人的民事责任。

被侵权人合并请求定作人和承揽人承担侵权责任的，依照民法典第一千一百六十五条、第一千一百九十三条的规定，造成损害的承揽人承担侵权人应承担的全部责任；定作人在定作、指示或者选任过错范围内与承揽人共同承担责任，但责任主体实际支付的赔偿费用总和不应超出被侵权人应受偿的损失数额。

定作人先行支付赔偿费用后，就超过自己相应责任的部分向承揽人追偿的，人民法院应予支持，但双方另有约定的除外。

第十九条 因产品存在缺陷造成买受人财产损害，买受人请求产品的生产者或者销售者赔偿缺陷产品本身损害以及其他财产损害的，人民法院依照民法典第一千二百零二条、第一千二百零三条的规定予以支持。

第二十条 以买卖或者其他方式转让拼装或者已经达到报废标准的机动车，发生交通事故造成损害，转让人、受让人以其不知道且不应当知道该机动车系拼装或者已经达到报废标准为由，主张不承担侵权责任的，人民法院不予支持。

第二十一条 未依法投保强制保险的机动车发生交通事故造成损害，投保义务人和交通事故责任人不是同一人，被侵权人合并请求投保义务人和交通事故责任人承担侵权责任的，交通事故责任人承担侵权人应承担的全部责任；投保义务人在机动车强制保险责任限额范围内与交通事故责任人共同承担责任，但责任主体实际支付的赔偿费用总和不应超出被侵权人应受偿的损失数额。

投保义务人先行支付赔偿费用后，就超出机动车强制保险责任限额范围部分向交通事故责任人追偿的，人民法院应予支持。

第二十二条 机动车驾驶人离开本车后，因未采取制动措施等自身过错受到本车碰撞、碾压造成损害，机动车驾驶人请求承保本车机动车强制保险的保险人在强制保险责任限额范围内，以及承保本车机动车商业第三者责任保险的保险人按照保险合同的约定赔偿的，人民法院不予支持，但可以依据机动车车上人员责任保险的有关约定支持相应的赔偿请求。

第二十三条 禁止饲养的烈性犬等危险动物造成他人损害，动物饲养人或者管理人主张不承担责任或者减轻责任的，人民法院不予支持。

第二十四条 物业服务企业等建筑物管理人未采取必要的安全保障措施防止从建筑物中抛掷物品或者从建筑物上坠落的物品造成他人损害，具体侵权人、物业服务企业等建筑物管理人作为共同被告的，人民法院应当依照民法典第一千一百九十八条第二款、第一千二百五十四条的规定，在判决中明确，未采取必要安全保障措施的物业服务企业等建筑物管理人在人民法院就具体侵权人的财产依法强制执行后仍不能履行的范围内，承担与其过错相应的补充责任。

第二十五条 物业服务企业等建筑物管理人未采取必要的安全保障措施防止从建筑物中抛掷物品或者从建筑物上坠落的物品造成他人损害，经公安等机关调查，在民事案件一审法庭辩论终结前仍难以确定具体侵权人的，未采取必要安全保障措施的物业服务企业等建筑物管理人承担与其过错相应的责任。被侵权人其余部分的损害，由可能加害的建筑物使用人给予适当补偿。

具体侵权人确定后，已经承担责任的物业服务企业等建筑物管理人、可能加害的建筑物使用人向具体侵权人追偿的，人民法院依照民法典第一千一百九十八条第二款、第一千二百五十四条第一款的规定予以支持。

第二十六条 本解释自2024年9月27日起施行。

本解释施行后，人民法院尚未审结的一审、二审案件适用本解释。本解释施行前已经终审，当事人申请再审或者按照审判监督程序决定再审的，适用当时的法律、司法解释规定。

《最高人民法院关于适用〈中华人民共和国民法典〉侵权责任编的解释（一）》的理解与适用*

陈宜芳** 杜 军*** 潘 杰****

《最高人民法院关于适用〈中华人民共和国民法典〉侵权责任编的解释（一）》（法释〔2024〕12号，以下简称《解释》）于2023年12月18日由最高人民法院审判委员会第1909次会议讨论通过，并自2024年9月27日起施行。本文就《解释》制定情况及相关内容的理解进行说明，以便于在司法实践中准确适用。

一、《解释》的制定背景与指导思想

习近平总书记强调，要充分认识颁布实施民法典的重要意义，依法更好保障人民合法权益。① 侵权责任是侵权行为人侵害他人民事权益应当承担的法律后果，侵权责任也是制裁违法、救济权益、保障人权的重要手段。民法典施行后，侵权责任法同时废止，侵权责任在民法典中独立成编作出规定，进一步彰显了强化人权保护、维护社会和谐安全的立法

---

* 原文刊载于《人民司法》2025年第1期。
** 最高人民法院民事审判第一庭庭长。
*** 最高人民法院民事审判第一庭副庭长。
**** 最高人民法院民事审判第一庭二级高级法官。
① 参见习近平：《充分认识颁布实施民法典重大意义，依法更好保障人民合法权益》，载《求是》2020年第12期。

宗旨。民法典侵权责任编具有鲜明的中国特色、实践特色和时代特色。

为贯彻落实党的二十大精神和习近平总书记关于加强人权司法保障、推动民法典全面贯彻实施的指示，最高人民法院依据民法典规定及时清理修订了有关审理人身损害赔偿案件、道路交通事故损害赔偿案件、医疗损害责任纠纷案件等在内的多部侵权类司法解释。民法典施行以来，民事审判实践中遇到了一些新情况新问题，亟待明确和统一法律适用标准。

近年来，社会各界围绕"严惩侵害农村留守儿童、拐卖拐骗妇女儿童违法犯罪行为""惩治校园欺凌、平衡学校与学生的关系""加强未成年人司法保护""切实实现好、维护好、发展好劳动者合法权益""维护人民群众道路交通安全和头顶上的安全"等问题，提出了不少意见建议。坚持系统思维、法治思维、底线思维制定司法解释，按照民法典规定妥善解决实践中的困难和问题，是回应社会关切和实践需求、提高司法服务保障水平的重要举措。

《解释》以习近平新时代中国特色社会主义思想为指导，坚持习近平法治思想，在社会重大关切中坚持以人民为中心，切实维护群众合法权益，保障和促进社会公平正义。具体体现为：一是坚持问题导向。坚持多种形式广泛深入调研，掌握真情况真问题，解决民法典施行后社会广泛关注、审判实践中亟须解决的重大争议。条文成熟一个规定一个，力求务实管用，及时回应实践需求。二是坚持依法解释。尊重立法精神，严格贯彻执行民法典规定。坚持法律规则的体系化适用，注重新旧法律制度的适用衔接，依据法律新规定调整不符合立法精神的既往裁判标准。三是坚持社会主义核心价值观。《解释》体现的价值理念和价值导向始终与社会主义核心价值观相贯通，确保符合人民群众的价值认同和情感认同。

二、《解释》的主要内容与司法理念

《解释》共计26条，除了第二十六条是关于施行时间及司法解释效力的规定外，其余25个条文都是针对具体问题作出的规定。

一是明确非法使被监护人脱离监护的侵权责任。将监护作为纳入侵权责任调整的民事权益予以保护，加强对拐卖、拐骗儿童行为和其他非法使被监护人脱离监护的侵权行为的民事制裁，与刑事制裁共同构成制裁违法、救济权益的一体两翼，切实保障公民基本权益，维系亲情。

二是明确监护人责任，教唆、帮助侵权责任和教育机构责任的实体和程序规则。依法认定监护人和受托履行监护职责的人，教唆、帮助侵权人，教育机构以及教育机构以外侵权人的民事责任，强化监护职责的履行，坚决制裁教唆、帮助侵权，支持合理诉求，助力家校和谐，保障未成年人合法权益，护航未成年人身心健康成长。

三是明确用人单位责任的适用范围和劳务派遣关系中的侵权责任形态。明确工作人员在执行工作任务中实施违法行为构成犯罪承担刑事责任不影响用人单位承担民事责任，并协调刑事追缴、退赔与民事赔偿的关系。分别规定了在执行用人单位工作任务中实施违法行为造成他人损害、承揽人根据定作或指示完成工作过程中造成他人损害的不同侵权责任，确保法律规定正确适用，依法维护劳动群众合法权益，保障被侵权人的损害得到填补。

四是明确机动车交通事故责任的相关适用规则。就机动车强制保险投保义务人与交通事故责任人不是同一人的责任承担，机动车商业第三者责任险中第三者的认定，因转让拼装车、报废车造成损害时责任承担的主观要件问题，贯彻严的基调，强化法定义务的履行和违法制裁，更好地保护群众出行安全，保障被侵权人充分受偿。

五是明确缺陷产品造成的产品自身损害（产品自损）属于产品责任赔偿范围。正确阐释立法精神，切实维护消费者合法权益，保障消费者高效便捷维权。

六是明确规定禁止饲养的烈性犬等危险动物致人损害不适用免责事由。准确阐明民法典"最严格的无过错责任"立法精神，强化动物饲养人、管理人责任意识，维护动物饲养管理秩序，保障群众生命财产安全。

七是明确高空抛掷物、坠落物致害责任的实体和程序规则。在总结实践经验基础上，依法合理确定具体侵权人、可能加害的建筑物使用人、物业服务企业等建筑物管理人的责任顺位和责任范围,依法支持被侵权人合理诉求,维护人民群众"头顶上的安全",解决"悬在城市上空的痛"。

三、非法使被监护人脱离监护的侵权责任

保护妇女儿童人身权益不受侵犯,是人民法院服务保障人权发展大局、维护社会和谐稳定、维护国家安全、展现负责任大国形象的重要内容。审判实践中非法使被监护人脱离监护的情形,既有拐卖、拐骗儿童等刑事犯罪行为,也有亲子错换等民事行为,还有未达到刑事追诉年龄的未成年人实施的非法使被监护人脱离监护的行为。《最高人民法院关于确定民事侵权精神损害赔偿责任若干问题的解释》第二条规定:"非法使被监护人脱离监护,导致亲子关系或者近亲属间的亲属关系遭受严重损害,监护人向人民法院起诉请求赔偿精神损害的,人民法院应当依法予以受理。"为进一步明确裁判标准,《解释》第一条至第三条作出相应规定。

(一)明确支持赔偿监护人寻亲的合理费用

监护的主要内容为抚养(赡养)、教育(扶助)和保护,既是权利,又是义务。监护权益遭受侵害给监护人造成物质和精神损害的,应对其进行救济,并依法惩戒侵权行为人,故有必要通过司法解释细化民法典关于侵权责任调整对象的规定,为监护权益遭受侵害的民事案件提供规则指引。

非法使被监护人脱离监护,监护人为寻亲往往花费较长时间和一定数额的金钱,产生财产损失。财产损失属于物质损失、直接损失,按照填补损害的基本原则,无论非法使被监护人脱离监护的行为是否构成犯罪,监护人为寻亲花费的合理费用均应获赔偿,但赔偿范围如何确定存在一定争议。《解释》第一条以"恢复原状""禁止得利"为法理基础,协调了拐卖获利刑事追缴与民事赔偿的关系,规定"非法使被监护人脱

离监护，监护人请求赔偿为恢复监护状态而支出的合理费用等财产损失的，人民法院应予支持"。为增强财产损失范围认定弹性，又避免不当扩大损失范围，对"财产损失"作出"合理费用"的限定，同时，使用了"等"之表述，给予人民法院一定的裁量权。

（二）明确严重精神损害的认定标准

精神损害赔偿是被侵权人因人格利益或身份利益受到侵害遭受精神痛苦，通过金钱赔偿的方式对其给予精神抚慰。非法使被监护人脱离监护侵害了监护关系这种身份利益，若造成了严重精神损害，依照民法典第一千一百八十三条第一款关于"侵害自然人人身权益造成严重精神损害的，被侵权人有权请求精神损害赔偿"的规定，人民法院应当支持监护人和被监护人提出的精神损害赔偿请求；但非法使被监护人脱离监护构成刑事犯罪的，应当依照《最高人民法院关于适用〈中华人民共和国刑事诉讼法〉的解释》的有关规定处理。

对于如何认定非法使被监护人脱离监护造成严重精神损害，理论与实践中存在不同观点。有意见认为，非法使被监护人脱离监护即构成严重精神损害。我们认为，这种意见对精神损害的认定标准失之过宽。民法典第一千一百八十三条关于精神损害赔偿的规定，体现了防止精神损害赔偿被滥用的立法精神。为严格确立非法使被监护人脱离监护造成严重精神损害的认定标准，《解释》第二条规定："非法使被监护人脱离监护，导致父母子女关系或者其他近亲属关系受到严重损害的，应当认定为民法典第一千一百八十三条第一款规定的严重精神损害。"审判实践中，可综合脱离监护的时间、使近亲属出现精神疾患等因素作出认定。此条规定中的父母子女关系，不仅包括亲子关系，还包括形成抚养教育关系的继父母子女关系和养父母子女关系。

（三）明确依法支持权利人合并请求赔偿人身损害与寻亲费用

非法使被监护人脱离监护可能同时造成被监护人死亡。作为近亲属的监护人在人身损害赔偿案件中合并主张赔偿人身损害和寻亲费用的，人民法院应否一并支持，审判实践中存在争议。《解释》第三条本着快捷解决纠纷、保障权利人及时受偿的考虑，明确规定依法支持赔偿权利人合并请求赔偿人身损害和寻亲费用。

四、监护人、教唆帮助侵权人与教育机构责任

未成年人是祖国的未来、民族的希望，党和国家历来高度重视未成年人保护事业。习近平总书记深刻指出，"十年树木，百年树人。祖国的未来属于下一代。做好关心下一代工作，关系中华民族伟大复兴"[①]。明确要求"对损害少年儿童权益、破坏少年儿童身心健康的言行，要坚决防止和依法打击"[②]。"校园欺凌""校闹"问题，农村留守儿童、异地流动儿童和离异重组家庭未成年子女权益维护和健康成长问题，受到社会广泛关注。

针对民法典中监护人责任，教唆、帮助侵权责任和教育机构责任适用中的争议，《解释》明确了四个问题。

第一，明确被监护人侵权，监护人承担全部责任而非补充责任，不以被监护人本人有财产认定被监护人担责。

针对学理与实务中关于民法典第一千一百八十八条规定的监护人责任是补充责任还是全部赔偿责任的争议，《解释》明确规定，被监护人侵权，由监护人承担侵权人应承担的全部赔偿责任。被监护人无论是无民事行为能力人，还是限制民事行为能力人，均不因其本人有财产而承担侵权责任。这一规定彰显了保障未成年人合法权益和让未成年人轻装前行的司法理念。

在非近亲属担任监护人且被监护人本人有财产的情况下，完全由监护人担责可能导致非近亲属不愿担任监护人，这不利于未成年人的成长。

[①] 《习近平：坚持服务青少年的正确方向 推动关心下一代事业更好发展》，载《人民日报》2015年8月26日。

[②] 《习近平：让孩子们成长得更好》，载《人民日报》2013年5月31日。

为解决上述问题，从公平角度考量，依照民法典第一千一百八十八条第二款"有财产的无民事行为能力人、限制民事行为能力人造成他人损害的，从本人财产中支付赔偿费用；不足部分，由监护人赔偿"的规定，《解释》第五条规定，人民法院在判令监护人担责的同时，应当在判决中明确"赔偿费用可以先从被监护人财产中支付，不足部分由监护人支付"。

同时，为保证被监护人健康成长，对从被监护人的财产中支付赔偿费用作出限定，规定"应当保留被监护人所必需的生活费和完成义务教育所必需的费用"。

针对行为人在侵权行为发生时不满十八周岁，被诉时已满十八周岁的情况，《解释》第六条调整了既往裁判标准，明确仍由原监护人承担侵权责任，并协调规定了赔偿费用支付问题。征求意见过程中，有意见建议，依照民法典第十八条第二款的规定，明确行为人在侵权行为发生时已满十六周岁未满十八周岁，但以自己的劳动收入为主要生活来源的，由行为人承担侵权责任。但经广泛征求意见，普遍认为，民法典第十八条第二款有关十六周岁视为完全民事行为能力人的规定，是为了保护以自己的劳动收入为主要生活来源的未成年人，使他们参与的正常民事法律关系处于稳定状态，该规定一般适用于民事法律行为领域，不适用于侵权责任领域。如果规定这部分未成年人还要承担侵权责任，与立法保护未成年人的精神不符。据此，《解释》作出目前规定。

第二，明确未成年子女侵权，由父母共同承担责任，未与未成年人形成抚养教育关系的继父母不承担监护人的侵权责任，由该子女的生父母承担责任。

我们根据民法典的精神对既往裁判规则作出相应调整和补充。

关于未成年子女侵权的父母责任。依照民法典第二十六条、第二十七条以及第一千零六十八条的规定，父母是未成年子女的监护人，未成年子女造成他人损害的，父母应当依法承担民事责任。民法典有关监护人责任的规定并未明确父与母之间的责任形态，《解释》参照夫妻共同债务的立法精神，在第七条明确规定："未成年子女造成他人损害，被侵权人请求父母共同承担侵权责任的,人民法院依照民法典第二十七条第一款、第一千零六十八条以及第一千一百八十八条的规定予以支持。"

关于未成年子女侵权的离异夫妻责任。审判实践中,未成年子女侵权的,离异夫妻一方往往以未与未成年子女共同生活为由主张自己不承担责任或者少承担责任。以前,司法实践依照"与子女共同生活"标准来判定离异夫妻的责任,会导致不与子女共同生活的一方疏于履行监护职责。依照民法典第一千零八十四条第二款的规定,离婚后,父母对子女仍有抚养、教育、保护的权利和义务。据此,《解释》第八条第一款明确,夫妻离婚后,未成年子女造成他人损害,被侵权人请求离异夫妻共同承担侵权责任的,人民法院依法予以支持。一方以未与该子女共同生活为由主张不承担或者少承担责任的,人民法院不予支持。

考虑到夫妻离异后对财产进行了分割,双方对抚养子女一般会作出约定,《解释》第八条第二款规定了离异夫妻对外承担责任后的内部求偿规则,"离异夫妻之间的责任份额,可以由双方协议确定;协议不成的,人民法院可以根据双方履行监护职责的约定和实际履行情况等确定。实际承担责任超过自己责任份额的一方向另一方追偿的,人民法院应予支持"。

关于未成年子女侵权的继父母责任。夫妻离异后再婚,再婚相对方与未成年人形成继父母子女关系。继父母子女关系有条件地适用民法典关于父母子女关系的规定。继父母和受其抚养教育的继子女之间,属于法律上的拟制血亲关系,依照民法典第一千零七十二条第二款的规定,适用民法典关于父母子女关系的规定;而未形成抚养关系的继父母与继子女之间则不发生父母子女的权利义务关系。未成年人受继父母抚养教育成立了监护关系的,并不因此免除生父母的监护职责,对于未成年人侵权应如何协调生父母责任与继父母责任,实务中争议较大,处理纠纷时应进行"个案考量"和"利益平衡",不宜"一刀切"。因此,《解释》第九条仅针对未成年子女与继父母未形成抚养教育关系的情形作出规定,明确未与该子女形成抚养教育关系的继父或者继母不承担监护人的侵权责任，由该子女的生父母承担侵权责任。

第三，明确被监护人侵权，受托履行监护职责的人在过错范围内与承担全部责任的监护人共同承担责任，产生责任重合；教唆、帮助未成年人侵权的，监护人在过错范围内与承担全部责任的教唆人、帮助人共同承担责任，产生责任重合。但是，责任主体实际支付的赔偿费用总和不应超出被侵权人应受偿的损失数额。

民法典第一千一百八十九条规定了委托监护关系中的侵权责任，第一千一百六十九条第二款规定了教唆、帮助无民事行为能力人、限制民事行为能力人侵权的民事责任。法律适用中的主要争议为，委托监护关系中受托履行监护职责的人承担的与过错相应的责任，教唆、帮助侵权中监护人承担的与过错相应的责任，实务中如何具体把握。《解释》第十条、第十二条对此予以明确。

关于受托人承担责任应否限于有偿受托的问题。有观点认为，无偿看管孙辈的祖辈不应对被监护人的侵权行为承担责任。鉴于排除无偿受托人担责限缩了民法典第一千一百八十九条规定的适用范围，不利于保障被侵权人充分受偿，也不符合强化监护职责履行的立法精神，《解释》未采纳该观点。实践中，可综合过错情况，合理界定情谊行为与无偿受托等，妥善认定无偿受托人的责任。

关于受托人的过错认定问题。审判实践中应具体分析，综合被侵权人的人身财产权益，被监护人的年龄、性格和过往表现等自身特点，健康自由发展空间，教育义务履行情况，受托人的履行成本等因素，对受托人的过错作出认定。

此外，《解释》对教唆、帮助未成年人侵权的行为持严格否定立场，明确教唆人、帮助人承担责任不以明知被教唆、帮助人为无民事行为能力人、限制民事行为能力人为前提。

第四，明确学生在校内遭受校外人员人身损害的，实施侵权行为的第三人为第一责任主体，未尽到管理职责的教育机构承担顺位在后的补充责任；第三人不确定的，未尽到管理职责的教育机构先行承担责任，并有权向第三人追偿。

民法典第一千二百零一条规定了学生在校内遭受校外人员人身损害的责任承担。针对审判实践中反映的实体与程序问题,《解释》第十四条作出规定。

一是被侵权人可一并起诉实施侵权行为的第三人和教育机构。无须被侵权人先行起诉、强制执行第三人财产后再就赔偿不能部分起诉请求教育机构承担责任。目的是减轻当事人诉累,保障被侵权人及时获得救济。

二是如果诉讼时实施侵权行为的第三人能够确定,一般不单独列教育机构为被告。人民法院应当向原告释明申请追加实施侵权行为的第三人为共同被告。第三人和教育机构作为共同被告的,人民法院在判决中应体现教育机构承担补充责任的在后执行顺位,即明确"教育机构在人民法院就第三人的财产依法强制执行后仍不能履行的范围内,承担与其过错相应的补充责任"。

三是诉讼时无法确定第三人的,未尽到管理职责的教育机构可以先行承担与其过错相应的责任。教育机构承担责任后向已经确定的第三人追偿的,人民法院依照民法典第一千二百零一条的规定予以支持。

五、用人单位责任

用人单位责任与监护人责任均属于侵权法上的特殊主体责任,体现为责任主体与行为主体相分离,由用人单位对其工作人员因执行工作任务造成的损害承担侵权责任。针对民法典第一千一百九十一条用人单位责任适用中的争议,《解释》明确了用人单位责任的适用范围、劳务派遣关系中的侵权责任形态以及职务侵权构成犯罪的用人单位民事责任,彰显了保障受害人充分受偿、保护劳动者合法权益的司法理念,促使用人单位谨慎合理选人用人,加强内部管理。

(一) 明确用人单位责任的适用范围

针对民法典第一千一百九十一条规定的用人单位责任是否仅适用于

工作人员与用人单位形成劳动关系的争议，《解释》第十五条明确，用人单位责任不仅适用于与用人单位形成劳动关系的工作人员，也适用于执行用人单位工作任务的其他人员；个体工商户的从业人员因执行工作任务造成他人损害的，适用民法典第一千一百九十一条用人单位责任的规定认定民事责任。"执行用人单位工作任务的其他人员"包括提供劳务人员、临时用工人员、公务员及参照公务员进行管理的其他工作人员等。《解释》过程稿曾对此作出列举规定，公开征求意见后，根据有关行政主管部门的修改意见，用"执行用人单位工作任务的其他人员"来指代非劳动关系的其他工作人员。个体工商户属于民法典总则编中规定的自然人，但在市场监督管理中被作为个体经济组织进行管理，民法典第一千一百九十一条规定的用人单位包括个体经济组织。《解释》第十五条第二款据此规定，个体工商户的从业人员因执行工作任务造成他人损害的，适用民法典第一千一百九十一条第一款的规定认定民事责任，从而促推个体工商户为其从业人员购买社会保险，分散用人单位风险，保障劳动者合法权益。

对于实务中提出的工作人员因执行工作任务自身遭受损害的责任缺乏法律规则指引的问题，因涉及人身损害赔偿与工伤保险赔偿的衔接问题，情况较为复杂，尚未形成统一观点，《解释》对此未作出规范，待调研成熟后以适当方式予以明确。

《解释》制定过程中，有意见提出，第十五条第一款应增加但书规定，将承揽人排除在执行用人单位工作任务的其他人员之外。考虑到承揽人按照定作人的指示完成工作，有别于执行用人单位工作任务，现行表述在适用范围上一般不会引发歧义，故《解释》第十五条未采纳该意见。

但是，为解决民法典第一千一百九十三条承揽关系中的侵权责任在适用中的普遍争议，进一步周延法律适用，《解释》第十八条区分规定了承揽人执行定作人指示完成工作任务造成他人损害的责任：一是明确承揽人承担侵权责任的法律依据为民法典第一千一百六十五条有关过错责任和过错推定责任的规定，避免法官依照民法典第一千一百九十三条关于"承揽人在完成工作过程中造成第三人损害或者自己损害的，定作人不承担侵权责任。但是，定作人对定作、指示或者选任有过错的，应当承担相应的责任"的规定，反向推导承揽人当然承担严格责任。二是明确实施侵权行为的承揽人与对定作、指示或者选任有过错的定作人作为共同被告的，承揽人承担侵权人应承担的全部责任，定作人在过错范围内与承揽人共同承担责任，产生责任重合，但责任主体实际支付的赔偿费用总和不应超出被侵权人应受偿的损失数额。这里的共同承担责任是比例范围内的责任重合，不是按份责任。若诉讼中承揽人主张与定作人承担按份责任，实际是减轻了侵权行为实施人即承揽人的责任，人民法院不予支持。同时，按照过错终局的内部求偿规则，承揽人或者定作人各自承担责任后，相互之间进行追偿的，人民法院不予支持，但双方另有约定的除外。考虑到损害发生后不排除定作人愿意先行垫付赔偿费用的情况，为保障受害人及时获利救济和充分受偿，鼓励定作人先行支付赔偿费用，《解释》第十八条第三款规定，定作人先行支付赔偿费用后，就超过自己相应责任的部分向承揽人追偿的，人民法院应予支持，但双方另有约定的除外。亦即支持定作人就超出自己相应责任部分的垫付费用进行追偿，对自己应承担的相应责任部分不支持追偿。

（二）明确劳务派遣关系中的侵权责任形态

劳务派遣的特点是用工关系与用人关系分离。依照民法典第一千一百九十一条第二款的规定，劳务派遣期间，被派遣的工作人员因执行工作任务造成他人损害的，由接受劳务派遣的用工单位承担侵权责任；劳务派遣单位有过错的，承担相应的责任。针对有关"相应的责任"的适用争议，《解释》第十六条作出了与前述《解释》第十八条类似的制度设计，进一步明确规定，劳务派遣期间，被派遣的工作人员因执行工作任务造成他人损害，被侵权人合并请求劳务派遣单位与接受劳务派遣的用工单位承担侵权责任的，依照民法典第一千一百九十一条第二款的规定，接受劳务派遣的用工单位承担侵权人应承担的全部责任；劳务派遣单位在不当选派工作人员、未依法履行培训义务等过错范围内，与接受劳务派遣的用工单位共同承担责任，但责任主体实际支付的赔偿费用总和不应超出被侵权人应受偿的损失数额。这里的共同承担责任是比例范围内的责任重合，不是按份责任。接受劳务派遣的用工单位与劳务派遣单位承担责任后的内部追偿规则，与《解释》第十八条第三款相同。

（三）明确工作人员职务侵权构成自然人犯罪的用人单位责任

工作人员在执行工作任务中实施违法犯罪行为，造成公私财产损失的情况时有发生。刑事案件认定工作人员构成自然人犯罪后，因财产损失较大，存在被害人难以通过刑事追缴、退赔获得足额赔偿的情况。为弥补损失，刑事案件的被害人往往以工作人员所在用人单位为被告提起民事诉讼，请求用人单位依照民法典第一千一百九十一条用人单位责任的规定，承担赔偿责任。

《解释》第十七条就工作人员职务侵权构成自然人犯罪的用人单位民事责任作出规定。

一是明确工作人员在执行工作任务中实施的违法行为造成他人损害，构成自然人犯罪的，工作人员承担刑事责任不影响用人单位依法承担民事责任。这是因为刑事法律关系中的责任主体是工作人员个人，民事法律关系中的责任主体是用人单位，两个法律关系的责任主体不同，不属于同一法律事实，可以区分认定责任。当然，如果工作人员的违法行为构成非法集资类犯罪，则应依照民间借贷等相关司法解释的特殊规定，依法确定是否受理对用人单位提起的民事诉讼。

二是明确只有当工作人员的犯罪行为是在执行工作任务中实施的，构成职务侵权，人民法院才能依照民法典第一千一百九十一的规定认定用人单位承担无过错替代责任。关于职务侵权的认定，可以根据行为的内容、时间、地点、场合、行为之名义、行为的受益人以及是否与用人单位的意志有关等因素，予以综合判断。审判实践中应注意的是，工人员的犯罪行为不构成职务侵权，但用人单位对损害的发生有过错的，人民法院应根据用人单位的过错及其对损害发生的原因力大小，依照民法典第一千一百六十五条第一款关于过错责任的规定认定用人单位的民事责任，要避免不区分情形动辄判令用人单位承担无过错替代责任。

三是明确用人单位承担责任的范围与刑事案件中追缴、退赔的关系。实务中对此问题存在不同意见。有意见认为，民事判决的赔偿范围应扣除刑事追缴、退赔被害人损失部分。而论证过程中相对集中的意见为，刑事责任的承担不妨碍民事责任的认定，而且责任的认定与实际执行应予以区分。刑法第六十四条是关于对犯罪所得财物如何处理的规定，而并非就刑事责任与民事责任关系的规定。因此，刑事判决追缴、退赔被害人损失不妨碍民事判决对于赔偿范围的认定。如果犯罪所得已在刑事案件中返还了被害人，可以在实际执行时予以扣减。据此，《解释》第十七条明确，用人单位依法应当承担侵权责任的，在刑事案件中已完成的追缴、退赔可以在民事判决书中明确并扣减，也可以在执行程序中予以扣减。

六、机动车交通事故责任

据统计，机动车交通事故责任纠纷是人民法院受案数量最多的侵权责任纠纷类型之一。最高人民法院曾专门制定了《最高人民法院关于审理道路交通事故损害赔偿案件适用法律若干问题的解释》（以下简称《道交解释》），对类案审理发挥了积极指导作用。民法典侵权责任编有关机动车交通事故责任的规定，吸收了多条司法解释的规则。民法典施行后，《道交解释》根据民法典的规定进行了修正，对一些裁判规则作出了调整。随着审判工作的发展，实践中产生了新的争议和法律适用问题。

（一）进一步明确未依法投保机动车强制保险的机动车发生交通事故，投保义务人和交通事故责任人不是同一人时的责任承担规则

依照修正前的《道交解释》第十九条第二款的规定，未依法投保交

强险的机动车发生交通事故造成损害，投保义务人和交通事故责任人不是同一人的，投保义务人和交通事故责任人在交强险责任限额范围内承担连带责任。在清理修正《道交解释》时，基于连带责任法定的立法立场，将原第十九条第二款关于连带责任的规定修改为"相应责任"。

为进一步明确《道交解释》第十九条第二款规定中"相应责任"的裁判规则，统一法律适用，《解释》第二十一条就投保义务人和交通事故责任人的外部责任形态作出解释：一是明确被侵权人可以请求投保义务人在机动车强制保险责任限额范围内予以赔偿，也可以请求交通事故责任人承担侵权人应承担的全部责任。二是明确投保义务人和交通事故责任人为共同被告的，投保义务人在机动车强制保险责任限额范围内与交通事故责任人共同承担责任。这里的共同承担责任也是比例范围内的责任重合，不是按份共同承担责任。实际履行中仍应坚持损害填补原则，责任主体实际支付的赔偿费用总和不应超出被侵权人应受偿的损失数额。三是明确投保义务人和交通事故责任人的内部求偿规则。机动车强制保险具有一定的公共政策性质，投保机动车强制保险是法定义务。依照民法典第一千二百一十三条的规定，机动车交通事故实行"保险前置、侵权人托底"的赔偿顺序。违反法定投保义务的投保人在机动车强制保险责任限额范围内承担终局责任，有利于强化投保义务的履行，切实发挥机动车强制保险的保障功能。考虑到肇事车辆未投保机动车强制保险、交通事故责任人亦未及时履行赔偿义务时，不排除作为车辆所有人或者管理人的投保义务人基于道义先行支付超出机动车强制保险责任限额范围的赔偿费用。为保障受害人及时充分受偿，鼓励投保义务人积极履行救助义务，《解释》第二十一条第二款规定，投保义务人先行支付赔偿费用后，就超出机动车强制保险责任限额范围部分向交通事故责任人追偿的，人民法院应予支持。

（二）明确机动车驾驶人脱离本车后能否转化成机动车商业第三者责任保险中的第三者

机动车强制保险和机动车商业第三者责任保险均属于第三者责任险，

主要赔偿被保险机动车发生意外事故对第三人造成的人身和财产损害，被保险人不包括被保险机动车本车上人员、投保人和保险人。

机动车驾驶人一般情况下属于车上人员，其因本车发生碰撞等原因脱离本车后，能否转化成机动车商业第三者责任保险中的第三者，实务中主要形成三种观点：第一种观点认为，机动车辆保险合同中涉及的第三者和车上人员均为在特定时空条件下的临时性身份，事故发生时在车上即为车上人员，在车下即为第三者，应当以此判断机动车商业第三者责任保险是否予以理赔。第二种观点认为，当被保险车辆发生交通事故时，如车上人员脱离了被保险车辆，仍不能视其为机动车商业第三者责任保险中的第三者，不能依照第三者责任保险予以理赔，但可以依照机动车车上人员责任保险进行赔付。第三种观点认为，原则上车上人员不可以转化为机动车商业第三者责任保险中的第三者，但乘客因下车休息或下车帮助指引车辆行驶而被驾驶人的过失驾驶行为致伤，乘客可以转化为第三者。

考虑到驾驶人脱离本车遭受侵害的情形比较复杂，针对实务中亟待解决的普遍性问题，《解释》第二十二条聚焦机动车驾驶人因未制动车辆等过错导致其在车外被车辆碰撞、碾压的情形作出规定："机动车驾驶人离开本车后，因未采取制动措施等自身过错受到本车碰撞、碾压造成损害，机动车驾驶人请求承保本车机动车强制保险的保险人在强制保险责任限额范围内，以及承保本车机动车商业第三者责任保险的保险人按照保险合同的约定赔偿的，人民法院不予支持，但可以依据机动车车上人员责任保险的有关约定支持相应的赔偿请求。"这是因为，驾驶人对机动车有实际控制力，根据危险控制理论和不可"自己对自己侵权"原则，前述情形下驾驶人不属于机动车商业第三者责任保险中的第三者，不应依照机动车强制保险和机动车商业第三者责任保险获得理赔。如果肇事机动车投保了机动车车上人员责任保险，驾驶人属于该种保险的被保险人，人民法院可以依据保险合同的有关约定支持相应的赔偿请求。

(三)明确拼装车、报废车的转让人和受让人担责不以明知转让车辆系拼装或者已达到报废标准为前提

为准确阐明民法典关于预防并严厉制裁转让、驾驶拼装车或者报废车的行为,更好地保护人民群众的生命财产安全,《解释》第二十条进一步明确,拼装车、报废车的转让人、受让人承担侵权责任,不以明知转让车辆为拼装车、报废车为要件。

七、产品责任

产品责任是因产品存在缺陷造成他人损害时相关责任主体应承担的侵权责任。缺陷产品造成他人损害的事实,包括人身损害和财产损害。对于产品责任中财产损害的范围,普遍认同包括缺陷产品以外的其他财产的损失,但对是否包括产品自损,立法过程中和司法实务中都存在一定争议。

一种意见认为,多数国家产品责任中的财产损害仅指缺陷产品以外的其他财产损害,不包括产品自损。我国产品质量法第四十一条第一款关于"因产品存在缺陷造成人身、缺陷产品以外的其他财产(以下简称他人财产)损害的,生产者应当承担赔偿责任"的规定,也采取了同样的立法例。缺陷产品造成产品自损的,属于合同责任问题,应当通过合同解决,缺陷产品以外的其他财产损害,才是产品责任中所称的财产损害。另一种意见认为,财产损害应当包括产品自损。

《解释》第十九条采纳了上述第二种意见,规定"因产品存在缺陷造成买受人财产损害,买受人请求产品的生产者或者销售者赔偿缺陷产品本身损害以及其他财产损害的,人民法院依照民法典第一千二百零二条、第一千二百零三条的规定予以支持"。

作出上述规定的主要考虑:一是贯彻立法精神。民法典第一千二百零二条"因产品存在缺陷造成他人损害的,生产者应当承担侵权责任"的规定中的"他人损害",应理解为包括了产品自损。相对于产品质量

法，民法典是新法，《解释》第十九条的规定是对民法典立法精神的具体阐释。二是立足国情。对缺陷产品财产损害事实的认定，应当立足于我国国情从保护消费者角度作出解释，以符合人民群众对缺陷产品造成财产损害的一般认识。对于消费者而言，购买的产品本身存在缺陷造成了产品自损，从合同责任角度，产品的销售者要承担瑕疵担保责任；从侵权责任角度，产品自损系因产品缺陷引起，给消费者造成了财产损失，将其认定为缺陷产品造成的财产损害，消费者可以通过提起一个侵权责任纠纷诉讼，一并主张赔偿产品自损以及缺陷产品以外的其他财产损害，有利于及时、便捷地保护消费者合法权益。若将产品自损排除在产品侵权损害事实之外，则消费者的损害仅通过侵权责任纠纷诉讼无法完全填补，这不符合减少当事人诉累、及时便捷化解矛盾纠纷的司法理念。

最高人民法院在指导地方法院处理道路交通事故损害赔偿纠纷时也曾提出指导意见，认为机动车自身缺陷导致交通事故的财产损害，包括机动车自损。《解释》第十九条的精神也体现了对既往裁判规则的承继，维持了规则稳定。

八、饲养动物损害责任

随着饲养宠物人群的不断增多，社会上无序养宠物、违规养宠物的情况较为突出，动物伤人的事件数量逐年呈上升趋势。

在法律制度层面，民法典侵权责任编专章7个条文规定了饲养动物致人损害的民事责任。自民法典施行以来，为回应人民群众加大制裁违规养犬、从重认定法律责任的共同心声，确保群众人身安全，最高人民法院开展了饲养动物致人损害责任纠纷的相关调研。经调研，审判实践中适用动物致害责任规定产生的争议，集中在民法典第一千二百四十七条，主要问题是禁止饲养的烈性犬等危险动物致人损害，是否不能适用免责事由。如果损害是因被侵权人故意挑逗烈性犬引起的，绝对不免除动物饲养人或者管理人的责任，是否会产生不公平。

民法典第一千二百四十七条系承继侵权责任法第八十条的规定，内容为"禁止饲养的烈性犬等危险动物造成他人损害的,动物饲养人或者管理人应当承担侵权责任"。在民法典编纂过程中,对此条规定的归责原则、能否适用过失相抵等免责事由、禁止饲养的烈性犬的范围如何认定等问题,就有深入的探讨。

民法典第一千二百四十七条最终坚持的立场是禁止饲养的烈性犬等危险动物造成他人损害的,动物饲养人或者管理人承担"最严格的无过错责任",只要违反管理规定饲养了烈性犬等危险动物,并造成他人损害的,动物饲养人或者管理人就应当承担侵权责任,"没有任何的免责事由可以援引"。

《解释》第二十三条进一步明确:"禁止饲养的烈性犬等危险动物造成他人损害,动物饲养人或者管理人主张不承担责任或者减轻责任的,人民法院不予支持。"通过司法解释条文进一步阐明立法精神,既是为了统一裁判标准,解决法律适用争议,更重要的是向社会传递严厉制裁的信号,提供行为规范指引,引导危险动物饲养人、管理人意识到自己的社会责任和法律责任,自觉遵守动物管理秩序。

对于禁止饲养的烈性犬的范围,应由相关行政主管部门作出规定,不属于司法解释的规制范围,最高人民法院将加强与有关部门的沟通协调,推动完善相关法律法规。

九、高空抛坠物责任

现代城市高楼林立,建筑物上的抛掷物、坠落物致人损害的事件时有发生,对人民群众"头顶上的安全"构成重大威胁,被称为"悬在城市上空的痛"。

民法典在全面总结侵权责任法实践经验的基础上,第一千二百五十四条从五个方面对高空抛掷物、坠落物致害责任作出规范。实践中,对相关条款的协调适用存在一些争议。较为突出的是物业服务企业等建筑物管理人和可能加害的建筑物使用人的责任顺位、追偿问题。

在总结"重庆烟灰缸案""济南菜板案"等审判经验的基础上,《解释》第二十四条、第二十五条作出相关规定，着力使民法典的规定在司法实务中落地落实。

第一，明确高空抛掷物、坠落物造成他人损害的，具体侵权人是第一责任主体，未采取必要安全保障措施的物业服务企业承担顺位在后的补充责任。

依照民法典第一千二百五十四条第一款的规定，从建筑物中抛掷物品或者从建筑物上坠落的物品造成他人损害的，由侵权人依法承担侵权责任。同时，该条第二款规定，物业服务企业等建筑物管理人应当采取必要的安全保障措施防止高空抛掷物、坠落物造成他人损害，违反该项义务的，应依法承担侵权责任。在具体侵权人和违反安全保障义务的物业服务企业等建筑物管理人作为共同被告时，应如何界定和划分两个责任主体间的民事责任，民法典第一千二百五十四条并未明确。《解释》第二十四条对此予以明确，即具体侵权人是第一责任主体，未采取必要安全保障措施的物业服务企业等建筑物管理人在人民法院就具体侵权人的财产依法强制执行后仍不能履行的范围内，承担与其过错相应的补充责任。这是因为，高空抛掷物、坠落物造成他人损害的行为由第三人实施，物业服务企业等建筑物管理人违反安全保障义务的，依照民法典第一千一百九十八条第二款的规定，应当由安全保障义务人承担与其过错相应的补充责任。

第二，明确无法确定高空抛掷物、坠落物致害的具体侵权人的，未采取必要安全保障措施的物业服务企业等建筑物管理人先行承担与其过错相应的责任。被侵权人其余部分的损害，由可能加害的建筑物使用人给予适当补偿。上述责任主体承担责任后有权向将来确定的具体侵权人追偿。

民法典第一千二百五十四条第一款还规定，经调查难以确定具体侵权人的，除能够证明自己不是侵权人的外，由可能加害的建筑物使用人给予补偿。审判实践中，高空抛掷物、坠落物致害的具体侵权人有时确实难以确定。此种情形下，可能加害的建筑物使用人与违反安全保障义务的物业服务企业等建筑物管理人之间如何划分责任,民法典第一千二百五十四条亦未明确。《解释》第二十五条规定:一是诉讼中无须等待具体侵权人查明。二是未采取必要安全保障措施的物业服务企业等建筑物管理人先于可能加害的建筑物使用人承担责任。承担责任的范围应与其过错程度相适应。三是物业服务企业等建筑物管理人承担责任后,被侵权人仍有损害未得到填补的,被侵权人其余部分的损害,由可能加害的建筑物使用人给予适当补偿。对于民法典第一千二百五十四条第一款规定的可能加害的建筑物使用人的补偿范围,审判实践中存在争议。我们结合既往判决和执行情况,目前采纳了"适当补偿"的意见,以兼顾权益救济和保障公平。四是明确了物业服务企业等建筑物管理人、可能加害的建筑物使用人承担责任后有权向具体侵权人追偿。依照民法典第一千一百九十八条第二款规定,安全保障义务人承担补充责任后享有向实施侵权行为的第三人追偿的权利。民法典第一千二百五十四条第一款也规定,可能加害的建筑物使用人补偿后,有权向侵权人追偿。《解释》第二十五条第二款据此明确,具体侵权人确定后,已经承担责任的物业服务企业等建筑物管理人、可能加害的建筑物使用人向具体侵权人追偿的,人民法院应予支持。对于上述两个责任主体的追偿顺位问题,征求意见过程中赞同由可能加害的建筑物使用人优先行使追偿权的意见虽稍多,但考虑到此问题尚未达成普遍共识,《解释》对此未予明确。五是明确"具体侵权人难以确定"的时间标准。实践中,为解决高空抛掷物、坠落物致害的具体侵权人难以查明的问题,民法典第一千二百五十四条第三款规定,公安等机关应当依法及时调查,查清责任人。本着确保被侵权人及时填补损害的宗旨,《解释》第二十五条明确,经公安等机关调查,在民事案件一审法庭辩论终结前仍难以确定具体侵权人的,人民法院可以依法审理相关案件并确定相关责任主体的民事责任。

交强险投保义务人未履行投保义务的责任

——《最高人民法院关于适用〈中华人民共和国民法典〉侵权责任编的解释（一）》第二十一条的理解与适用

汪治平[*]

《最高人民法院关于适用〈中华人民共和国民法典〉侵权责任编的解释（一）》第二十一条（以下简称本条）就机动车第三者责任强制保险（以下简称交强险）投保义务人与交通事故责任人对交通事故被侵权人的责任作出规定，明确了交强险投保义务人未履行投保义务应承担的法律责任。

本条分两款。第一款包括三层含义：一是机动车交通事故的被侵权人享有向交强险的投保义务人与交通事故责任人请求赔偿的权利，并且有权将投保义务人与交通事故责任人列为共同被告诉至人民法院；二是被侵权人的请求权范围因赔偿义务人不同而不同：交通事故责任人承担侵权人应当承担的全部责任，投保义务人在交强险责任限额范围内与交通事故责任人承担共同赔偿责任。三是投保义务人与交通事故责任人实际支付的赔偿费用总和不超过被侵权人应当受偿的损失数额。第二款明确了投保义务人在先行支付赔偿费用后的追偿权，即明确了投保义务人与交通事故责任人的责任范围：投保义务人只在交强险责任限额范围内

---

[*] 最高人民法院民事审判第一庭一级高级法官。

与交通事故责任人共同承担责任，投保义务人支付的赔偿费用超出交强险责任限额范围部分有权向交通事故责任人追偿。

在学理上和审判实践中，对投保义务人与交通事故责任人的外部责任形态与内部求偿规则存在一定争议。关于外部责任形态：一种观点认为，投保义务人与交通事故责任人承担连带责任；另一种观点认为，投保义务人与交通事故责任人的关系为部分不真正连带责任。关于内部求偿规则：一种意见是支持投保义务人承担责任后对于超出交强险责任限额范围部分向侵权行为人追偿，侵权行为人即交通事故责任人应承担最终责任；另一种意见是不支持投保义务人承担责任后向侵权行为人追偿。

一、本条解释的背景

《最高人民法院关于审理道路交通事故损害赔偿案件适用法律若干问题的解释》（法释〔2012〕19号，以下简称《道交解释》）第十九条规定："未依法投保交强险的机动车发生交通事故造成损害，当事人请求投保义务人在交强险责任限额范围内予以赔偿的，人民法院应予支持。投保义务人和侵权人不是同一人，当事人请求投保义务人和侵权人在交强险责任限额范围内承担连带责任的，人民法院应予支持。"2020年，为贯彻实施民法典，最高人民法院对《道交解释》进行了修正，修正后的第十六条第二款为："投保义务人和侵权人不是同一人，当事人请求投保义务人和侵权人在交强险责任限额范围内承担相应责任的，人民法院应予支持。"这是因为民法典第一百七十八条第三款规定："连带责任，由法律规定或者当事人约定。"《道交解释》作为司法解释，规定当事人承担连带责任缺乏相应的法律依据。但是，就投保义务人与交通事故责任人如何承担"相应"责任，不可避免地在司法实践中产生困惑，导致在理解与适用上产生分歧。

本条对《道交解释》（2020年修正）第十六条第二款的适用作出细化规定，完善了投保义务人与交通事故责任人的责任关系及内部求偿规则，有利于机动车强制保险制度的落实。

二、对投保义务人承担赔偿责任的基本理解

未投保交强险的机动车发生交通事故造成损害，投保义务人是否承担责任在民法典等现行法律中并未作明文规定。2020年修正的《道交解释》第十六条实质上是以民法典第一千一百六十五的规定条作为解释依据。民法典第一千一百六十五条规定："行为人因过错侵害他人民事权益造成损害的，应当承担侵权责任。依照法律规定推定行为人有过错，其不能证明自己没有过错的，应当承担侵权责任。"结合该条及民法典侵权责任编的其他规定，过错侵权包括作为侵权与不作为侵权。

（一）未履行投保交强险义务是投保义务人承担侵权责任的基础

道路交通安全法第十七条规定："国家实行机动车第三者责任强制保险制度……"该法第九十八条还规定，机动车所有人、管理人未按照国家规定投保交强险的，应当承担相应的行政责任。根据道路交通安全法及《机动车交通事故责任强制保险条例》（以下简称《交强险条例》）第二条的规定，在中华人民共和国境内道路上行驶的机动车的所有人或者管理人都应当投保交强险。《交强险条例》第三十八条第一款还规定："机动车所有人、管理人未按照规定投保机动车交通事故责任强制保险的，由公安机关交通管理部门扣留机动车，通知机动车所有人、管理人依照规定投保，处依照规定投保最低责任限额应缴纳的保险费的2倍罚款。"

道路交通安全法、《交强险条例》的上述规定，为机动车所有人或管理人设定了投保交强险的义务。无论是侵权责任理论，还是民法典侵权责任编，都认可不作为构成侵权。例如，民法典第一千一百九十五条第二款规定的网络服务提供者的责任、第一千一百九十八条规定的安全保障义务人的责任等，均以不作为侵权为基础。当然，原则上，不作为并不构成侵权行为，只有当不作为违反了法律规定时，才认定不作为构成

侵权。根据民法典的规定，不作为侵权包括未履行下列义务：因法律规定而负有作为义务、因合同约定而负有作为义务、因先前行为而负有作为义务、因未履行安全保障义务以及因公序良俗所产生的作为义务等。交强险的投保义务人未投保交强险即未履行法定的投保义务，并因此而损害他人权益，故应当承担相应的侵权责任。

由于投保交强险的义务由法律明确规定，从现实来看，在机动车购买与转让、车辆安全技术检验、车船税的缴纳甚至违反交通安全法律的处罚等许多环节都要求投保交强险这一条件。所以，未投保交强险的行为在主观上多数是故意，少数情况下为重大过失。

（二）未投保交强险的行为使机动车交通事故的受害人不能获得交强险赔偿的利益

根据法律规定，交强险强调对机动车交通事故的受害人的损失填补功能，重视对受害人的权益保障。在制度设计上，交强险与侵权责任在一定范围内脱钩，从而使交强险的基本保障功能更为凸显。在此背景下，机动车的投保义务人未投保交强险，客观上侵害了受害人（第三人）的民事权益。

机动车未投保交强险，造成交通事故的受害人不能从交强险中获得相应赔偿。受害人可从交强险获得的赔偿实质上是民法典、道路交通安全法、《交强险条例》赋予交通事故受害人的特殊民事权益。因此，受害人的这种特殊民事权益当然应当受到民法典的保护。基本理由如下：第一，依据现行交强险制度，发生交通事故造成第三人损害的，在交强险责任范围内不考虑侵权责任，第三人能够从承保交强险的保险公司获得相应责任限额范围内的赔偿。按照《交强险条例》的规定，交强险的赔付规则是：除道路交通事故的损失是由受害人故意造成的外，在机动车一方无责的情形下，交强险保险公司要在无责的责任限额内赔付；在机动车一方有责的情形下，不再区分责任的大小，交强险保险公司应在有责的责任限额内赔付。这种对第三人损害的填补方式，由民法典以基本法的形式予以肯定。民法典第一千二百一十三条规定："机动车发生交通事故造成损害，属于该机动车一方责任的，先由承保机动车强制保险的保险人在强制保险责任限额范围内予以赔偿；不足部分，由承保机动车商业保险的保险人按照保险合同的约定予以赔偿；仍然不足或者没有投保机动车商业保险的，由侵权人赔偿。"同时，民法典该条确立的赔偿顺序规则暗含了交强险必然存在的意思。交强险制度显然比侵权责任制度对第三人保障程度更高。由于投保义务人未投保交强险，导致第三人不能以此种方式获得赔偿，显然使第三人的利益受到损害。第二，民法典第三条规定："民事主体的人身权利、财产权利以及其他合法权益受法律保护，任何组织或者个人不得侵犯。"依据这一规定，民法典当然应当保护交通事故受害人因交强险而能够获得的民事权益。无论从文义解释角度分析还是依据现行制度，投保义务人投保交强险从而使受害的第三人能够获得交强险的赔偿确实是一种实实在在的利益。第三，理论通说认为，关于利益的保护应受限制的意见，主要是从构成要件的角度展开的。也就是说，需要首先确定是否在可保护利益的范围内，然后才能判断是否符合侵权责任的其他构成要件。既然法律明确规定交通事故受害人可从交强险获得利益，表明这种利益当然受法律保护。

（三）未投保交强险的行为具有违法性

结合民法典第三条与第一千一百六十五条的规定可知：民法典侵权责任制度的客体不仅包括民事权利，也包括其他人身、财产合法权益。同时，从这两个条文的表述亦可知：法律对民事权利和民事权益实行同等保护。民法典第三条在人身权利、财产权利之外，兜底性规定了"其他合法权益"，表明了民事权益外延的开放性，为保护新型民事权益预留了空间。如此理解的理由充足：有些民事权益虽然法律并未明确规定，但确有必要予以保护的，法律也应当予以保护。例如，胎儿利益、死者人格利益、英雄烈士人格利益、个人信息权益等，在法律上虽未明确上升为权利，但同样需要保护。当然，需要注意的是，民事权益与利益有所区别。如果将利益等同于民事权益，可能导致民法侵权责任制度保护客体没有限制，将造成受害人的损失填补与行为人行为自由之间的失衡。根据民法典第一千一百六十五条第一款规定的侵权责任的构成要件即"行为人因过错侵害他人民事权益造成损害"的含义，可将应承担侵权责任的情形具体化为三种主要类型：因过错不法侵害他人绝对权并造成损害；因过错违反保护他人的法律并造成损害；故意以违反善良风俗的方式加害于他人。

依据上述理解，由于投保义务人未投保交强险导致受害人未能从交强险中获得赔偿的利益，自然受到民法典的保护。无论是依学说还是现行规定，对于绝对权之外的其他利益，在行为人违反法律明确规定的情况下，应当对该利益的损失承担赔偿责任。如前所述，道路交通安全法、《交强险条例》规定投保义务人投保交强险的义务，目的在于保护道路交通中的不特定的第三人，所以这些法律、行政法规具有保护他人之目的。投保义务人未投保交强险给第三人造成的不能从交强险中获得赔偿的损失，也应当具有可赔偿性。同时，交强险为法律、行政法规所明文规定，且交强险的赔偿方式和赔偿范围也为公众所知晓。从侵权人的角度看，被侵权人能够从交强险中获得赔偿的利益在范围上并不存在不确定性。从被侵权人的角度看，虽然极少数特大交通事故可能会导致多人受损，但这种损失由于受到交强险责任限额的限制，也不会对投保义务人造成过重的负担。所以，从平衡受害人的损失填补利益和行为人行为自由利益角度衡量，受害人应当受到交强险赔偿的利益具有确定性，不会造成过度限制行为人行为自由的结果。

另外，从我国现行相关法律制度分析，对于投保义务人未履行法定的投保义务，造成的损失由投保义务人负担的规定，已有先例。例如，《工伤保险条例》规定，"依照本条例规定应当参加工伤保险而未参加工伤保险的用人单位职工发生工伤的，由该用人单位按照本条例规定的工伤保险待遇项目和标准支付费用"。司法解释的规定在理念上与该规定是一致的。更重要的是，通过司法解释将民法典对民事权益的保护延伸至交强险投保人义务责任领域，在客观上有利于道路交通安全法、《交强险条例》等立法目的的实现。这种客观效果，为被侵权人此种民事权益的保护提供了正当化依据。

由于未投保交强险违反了现行法的明确规定，因而，在侵权责任的构成上显然具有了违法性。

（四）未投保交强险的行为与不能获得交强险赔偿之间存在因果关系

虽然投保义务人未投保交强险的行为，与道路交通事故中的被侵权人的损害后果没有直接的因果关系，但不能因此而得出投保义务人不应当对交通事故受害人承担相应赔偿责任的结论。这是由交强险制度的特殊性所决定的。自从汽车这一交通工具出现以来，无论是从技术上还是社会管理上，客观上不可能完全避免交通事故。而商业保险由投保人自愿投保，所以为了保护交通事故受害人的利益，并维护正常的社会秩序，交强险制度应运而生。

如前所述，基于交强险的基本保障功能，交强险与侵权责任在一定范围内相互脱钩，从而发生交通事故后，不讨论机动车一方是否构成侵权以及侵权责任的大小。在此意义上，交通事故所造成的损害是否构成侵权对于交强险的赔偿而言并不重要。因此，不能因为交通事故所造成的损害是由驾驶机动车的驾驶行为所引起而非未投保交强险的行为所造成的，就认为投保义务人不应承担相应的赔偿责任。相应地，正是由于投保义务人未投保交强险的行为，导致交通事故所造成的损害中的一部分不能从交强险中获得赔偿，这种损害恰恰与未投保交强险的行为具有因果关系。

三、投保义务人与侵权人不一致时的责任分担

根据道路交通安全法、《交强险条例》的规定，交强险的投保义务人为机动车的所有人或者管理人。然而，实践中经常发生的情形是，机动

车的所有人或管理人将未投保交强险的机动车以借用等方式供他人使用,且在所有人或者管理人与驾驶人分离期间发生交通事故。对于此种投保义务人和驾驶人不一致的情形,交强险责任限额范围内的对被侵权人的责任应当在投保义务人与交通事故责任人之间如何承担,现行法律法规未作规定。

(一)《道交解释》修改前后的相应规定

依据《道交解释》(法释〔2012〕19号)第十九条第二款的规定,投保义务人和侵权人不是同一人,投保义务人和侵权人在交强险责任限额范围内承担连带责任。之所以如此规定,当时的考虑主要是以下几点。

一是侵权人和投保义务人都存在违法行为。根据道路交通安全法第十一条、第九十五条的规定,机动车驾驶人驾驶机动车时负有审查机动车是否投保交强险的注意义务,未投保交强险的机动车不得上路行驶。否则,驾驶行为具有违法性。

二是被侵权人不能从交强险中获得赔偿的损失是由投保义务人与侵权人共同造成的。投保义务人未履行法定的投保交强险的义务、侵权人未注意机动车是否投保交强险或者明知未投保交强险驾驶机动车上路,是造成被侵权人不能从交强险中获得赔偿的共同原因。即使被侵权人的损害是由于机动车肇事所造成的,侵权人的行为是直接原因,但投保义务人不作为是间接原因。如前所述,如果投保义务人和侵权人都能够遵守现行的交通法律法规,则第三人不能从交强险中获得赔偿的结果即不会发生。正是基于这样的理解,当时认为两者在此范围内承担连带责任具有正当性。

三是由当时施行的侵权责任法第五十一条类推出投保义务人与侵权人承担连带责任的合理性。适用连带责任规则,不仅有利于保护受害人民事权益,体现出填补受害人损失功能,更体现了预防并制裁违法行为的作用。

2020年修正后的《道交解释》第十六条第二款将投保义务人和侵权

人在交强险责任限额范围内承担"连带"责任改为承担"相应"责任。这一修改符合民法典第一百七十八条第三款"连带责任，由法律规定或者当事人约定"的规定。

（二）对连带责任的基本理解

1. 对连带责任的一般理解

连带责任，是指依照法律规定或者当事人的约定，两个或者两个以上当事人对共同产生的不履行民事义务的民事责任承担全部责任，并因此引起内部侵权债务关系的一种民事责任。连带责任要么基于合同产生，要么基于侵权行为产生。司法实践中，连带责任是不履行义务的行为人承担责任的一种重要方式。连带责任的意义在于增加责任主体的数量，加强对受损害人的保护，确保受损害人获得赔偿。

因侵权行为产生的连带责任的主要特征如下：一是连带责任对于不履行民事义务的主体而言是一种比较严厉的责任方式。连带责任对外是一个整体的责任。连带责任中的每个主体都需要对被损害者承担全部责任。二是连带责任对于被损害者的保护更为充分。三是连带责任是法定责任，连带责任人之间不能约定改变责任的性质，其对于内部责任份额的约定对外不发生效力。

连带责任人对外承担了责任后，通常需要在内部确定各自的责任。依据民法典第一百七十八条第二款的规定，责任份额一般依据如下原则确定：根据各自的过错；对原因力进行比较；平均分担责任份额。在一个或者数个连带责任人清偿了全部责任后，实际承担责任的人有权向其他连带责任人追偿。连带责任中的追偿权在连带责任的内部关系中处于重要地位，能保障连带责任人内部合理分担风险。通过行使追偿权，实际承担民事责任的连带责任人也完成了角色的转化，从对外以不履行民事义务人的身份承担民事责任，转化为对内以债权人的身份请求公平分担责任。行使追偿权的前提是连带责任人实际承担了超出自己责任的份额，没有超出自己责任的份额的，不得行使追偿权。对此，民法典第一百七十八条第二款明确规定"实际承担责任超过自己责任份额的连带责任人,有权向其他连带责任人追偿"。

2. 对不真正连带责任的基本理解

不真正连带责任,是指数个债务人基于不同的原因,对同一被侵权人承担全部的赔偿责任,某一责任人承担责任之后,有权向终局责任人全部追偿。例如,民法典第一千二百五十条规定:"因第三人的过错致使动物造成他人损害的,被侵权人可以向动物饲养人或者管理人请求赔偿,也可以向第三人请求赔偿。动物饲养人或者管理人赔偿后,有权向第三人追偿。"此时,第三人是因为其过错而向被侵权人负责,饲养人是因其饲养动物而对被侵权人负责,是基于偶然原因而对被侵权人的同一损害承担责任。民法典在侵权责任编中,有4个条文规定了不真正连带责任,包括:第一千二百零三条关于产品的生产者与销售者之间的连带责任;第一千二百二十三条关于医疗领域产品责任的连带责任;第一千二百三十三条关于因第三人过错污染环境、破坏生态造成损害的责任;第一千二百五十条关于因第三人过错造成动物致害的责任。

不真正连带责任与连带责任,都是数人对同一受害人承担责任。二者具有相似性:受害人都有权选择多个责任人中的某一人承担责任,而且一旦受害人作出选择,责任人就应当承担全部责任。但连带责任与不真正连带责任有明显区别:不真正连带责任是法律规定的、基于不同的原因而产生的,可以形成独立的责任,各项责任是基于不同的原因而分别存在的;不真正连带责任的各个行为人不存在共同的过错,数个责任的产生大多因为偶然原因,责任人之间主观上并无意思联络,而在共同侵权中,行为人之间具有共同过错;根据民法典侵权责任编的规定,不真正连带责任人中的某一人承担全部责任后,可以依法向全部责任人追偿,而在连带责任中,每个责任人都要承担责任,某一人承担对被侵权人的责任后,不能向其他人全部追偿;在适用不真正连带责任的情形下,存在终局的责任人,即存在对责任的发生应最终负责的人,而连带责任中,各个责任人都是终局责任人。

(三) 投保义务人与交通事故责任人的责任承担

1. 投保义务人与交通事故责任人的责任范围不同

本条第一款以赋予被侵权人对投保义务人和交通事故责任人的请求权的方式重申了民法典与既有司法解释的规定。修改前后的《道交解释》都明确规定：投保义务人只在机动车强制保险责任限额范围内对被侵权人承担责任。民法典及司法解释均规定：交通事故责任人应当承担因自己的过错造成被侵权人的损害的赔偿责任。也就是说，交通事故责任人应当承担作为侵权人的全部责任。值得注意的是，交通事故责任人的责任范围因过错不同而不同。例如，依据民法典第一千二百零九条的规定，机动车使用人作为直接侵权人承担被侵权人的全部赔偿责任，而机动车所有人、管理人只承担与损害发生的过错相应的赔偿责任，而非承担被侵权人的全部赔偿责任。

2. 投保义务人与交通事故责任人对被侵权人的责任

第一，投保义务人与交通事故责任人为共同被告的，被侵权人获得的赔偿范围只限于其应获得赔偿的范围。也就是说，同一起交通事故导致被侵权人受到损害，其获得救济的额度是固定的，不因责任人的人数不同而不同。如果被侵权人死亡，则损害赔偿范围指机动车发生交通事故侵害被侵权人的生命权、身体权、健康权等人身权益所造成的损害；如果被侵权人因交通事故导致财产损失，则损害赔偿范围指因机动车发生交通事故侵害被侵权人的财产权益所造成的损失。

第二，交通事故责任人与投保义务人的责任不是按份责任。依通常理解，按份责任是指数个责任人各自按照一定的份额对被侵权人承担赔偿责任。民法典第一千一百七十二条对按份责任有明确规定。适用该条规定的前提是：数人分别实施侵权行为造成同一损害；能够确定责任大小的，各自承担相应的责任；难以确定责任大小的，平均承担责任。就交通事故责任损害赔偿而言，并无适用民法典第一千一百七十二条规定的条件，交通事故的被侵权人受到的损害完全是交通事故责任人所致，该损害与投保义务人未投保交强险并无因果关系。投保义务人在机动车交强险限额范围内承担责任只是道路交通安全法规定的强制保险制度的结果。

第三，投保义务人和侵权人不是同一人，投保义务人对交通事故造成的被侵权人的损害只承担"相应责任"。何谓"相应责任"？2020年修正的《道交解释》并无界定。民法典第一百五十七条等12个条文出现了"相应的责任"的表述。这些条文中"相应的责任"并非含义相同的一种责任形态。总则编和合同编规定的"相应的责任"总体体现了以过错比例和与有过失确定按份责任的特点，而侵权责任编中的"相应的责任"，除第一千一百九十二条有关个人劳务关系中的侵权责任属于与有过失的按份责任分担以外，其余6条"相应的责任"的规定，都是有关侵权人一方多个责任主体的责任规定，是一个全责侵权人与另一个"相应的责任"侵权人的共同责任，责任形态上具有共性。在外部关系上，存在两个以上的责任主体，一个责任主体是造成侵权损害后果的直接行为人，是第一责任人（例如交通事故侵权人），应依法承担侵权人应承担的全部责任；另一个责任主体往往是不作为的过失侵权人，是次要责任人（例如未投保交强险的机动车所有人或者管理人），其不作为的行为与直接侵权行为相结合造成交通事故的被侵权人不能及时得到受偿。立法考量次要责任人的过错比例，并为保障被侵权人充分受偿，规定其承担"相应的责任"，即次要责任人在过错比例范围内承担的责任与第一责任人承担的全部责任发生部分重合（例如20%部分，理论上有比例连带责任或者部分不真正连带责任的解读），但责任主体实际支付的赔偿费用总和不应超出被侵权人应受偿的损失数额，实际履行金额可在执行程序中协调。在内部关系上，第一责任人与次要责任人各自承担与自身过错相适应的责任，体现自己为自己行为负责的基本法理。就本条而言，交通事故侵权人是第一责任人，未投保交强险的投保义务人是次要责任人，前者应承担其作为侵权人的全部责任，后者只承担与其过错相应的责任即交强险责任限额范围内的责任。另外，要特别注意的是，2020年修正的《道交解释》第十六条第二款"当事人请求投保义务人和侵权人在交强险责任限额范围内承担相应责任"表述存在歧义。投保义务人与交通事故责任人即侵权人各自承担相应责任并不限于交强险责任限额范围，而应是在被侵权人受到损害的范围内各自承担相应的责任。

第四，投保义务人先行支付赔偿费用后，对其应承担责任部分并无追偿权，但对超出交强险责任限额范围部分有权向交通事故责任人追偿。投保义务人与交通事故责任人，既不存在连带责任关系，也不存在不真正连带责任关系。投保义务人只是因法律的强制性规定而对交通事故的被侵权人承担赔偿责任，没有适用保险法规定的责任保险人享有的代位求偿权的空间，也不能适用民法典规定的不真正连带责任情形中关于追偿的规定。所以即使交通事故责任人应承担侵权人应承担的全部责任，但既然法律未规定投保义务人应承担的责任部分可以向交通事故责任人追偿，司法解释当然不能赋予投保义务人追偿权。不过，投保义务人先行支付赔偿费用后，就超出交强险责任限额范围部分即超出投保义务人责任部分有权向交通事故责任人追偿。只是此种情形下的追偿并非民法典第一千二百零三条等条文中规定的追偿，也不是保险法规定的代位求偿。本条第二款中的追偿只不过是借用了法律中追偿的表述。由于交强险采用统一的保险条款和基础保险费率，因而投保义务人的责任是确定的，查询保险监督管理部门交强险责任限额的公告即可知。实务中，无论是投保义务人主动支付还是有关行政主管部门强制其支付或者人民法院判决其支付赔偿费用，皆要遵守交强险责任限额的公告公布的数额限制。无论何种原因导致投保义务人先行支付的赔偿费用超出交强险责任限额部分，实际上是投保义务人承担了交通事故责任人应当承担的部分，其当然有权要求交通事故责任人偿还。这样的规定，有利于鼓励和激励相应投保义务人及时垫付赔偿费用，从而保障受害人依法受偿。

第五，如何协调交通事故责任人的责任与交强险投保义务人的相应责任。二者的责任可因交通事故纠纷的不同处理方式而不同：其一，如果通过协商处理，则投保义务人在交强险责任限额范围内支付赔偿费用，其余费用由交通事故责任人承担。当然，如果交通事故责任人赔偿能力强，也可以由其全部承担。其二，如果通过诉讼处理，则人民法院可依法判决投保义务人在交强险责任限额范围内支付赔偿费用，交通事故责任人承担侵权人的全部费用。执行阶段，则可根据被侵权人的申请和责任人的履行能力予以执行，以保障被侵权人能获得全部赔偿但实际受偿数额不超过其应受偿的损失数额。其三，如果投保义务人实际支付的费用超过交强险责任限额范围，则人民法院应根据投保义务人的申请，除判决交通事故责任人对被侵权人承担相应责任外，还应当判决其返还投保义务人超付部分。

侵权责任编司法解释关于监护人责任规定适用争议的解决方案[*]

潘 杰[**]

内容摘要：民法典有关监护人责任的规定主要体现在第一千一百八十八条监护人责任一般规定，第一千一百八十九条委托监护责任，以及第一千一百六十九条教唆、帮助侵权情形下监护人相应责任的规定中。第一千一百八十八条的两款规定创设了承担侵权责任之人与应支付赔偿费用之人的分离制度以及尽到监护职责的监护人的减轻责任制度。第一千一百八十九条和第一千一百六十九条分别创设了委托监护情形下受托人和教唆、帮助侵权下监护人承担"相应的责任"的侵权责任形态。理论与实务中，对如何协调处理监护人担责与有财产的被监护人支付赔偿费用的关系，能否以有财产为标准认定被监护人担责，监护人责任的性质是补充责任还是完全替代责任，监护人责任的归责原则是无过错还是过错推定，应否区分被监护人的行为能力而对监护人责任的归责原则作出区分，监护人尽到监护职责时减轻监护人责任导致受害人救济不足应如何弥补，对于委托监护情形下有过错的受托人承担的相应责任，教唆、帮助侵权情形下有过错的监护人承担的相应责任的理解等问题，长期存在争议。围绕上述法律适用争议，《最高人民法院关于适用〈中华人民共

---

[*] 原文刊载于《中国应用法学》2024年第6期。
[**] 最高人民法院民事审判第一庭二级高级法官。

和国民法典〉侵权责任编的解释（一）》给出了解决方案。

关键词： 侵权责任编　责任性质　归责原则　责任形态　责任承担　诉讼当事人

监护人责任是监护人依法为被监护人的侵权行为承担民事责任的制度。由于责任主体与侵权行为主体相分离，有别于损害由过错行为人自己承担的侵权责任一般规则，监护人责任被作为一类特殊的侵权行为，规定在民法典侵权责任编第三章"责任主体的特殊规定"中。民法典第一千一百八十八条有关监护人责任的规定，沿袭自侵权责任法第三十二条以及民法通则第一百三十三条的规定，除文字表述的调整以外，基本精神并未发生根本变化，①可谓萧规曹随。多年来，法学理论界围绕监护人责任制度所展开的讨论与立法精神存在一定的错位，②司法实践在适用监护人责任制度时亦长期存在争议。为指导司法实践正确适用法律规定，加强对不完全行为能力人的司法保护，强化监护职责的履行，保障未成年人身心健康成长，《最高人民法院关于适用〈中华人民共和国民法典〉侵权责任编的解释（一）》［以下简称《民法典侵权责任编解释（一）》］有多个条文进一步明确了相关裁判规则。

一、责任性质之争与解决方案

（一）争议缘由

民法典第一千一百八十八条分两款对监护人责任作出规定，第一款

---

① 民法典第一千一百八十八条第一款将侵权责任法第三十二条第一款有关"监护人尽到监护责任"的表述，修改为"监护人尽到监护职责"。民法典第一千一百八十八条删除了民法通则第一百三十三条"适当减轻"监护人的民事责任中的"适当"的规定以及由监护人"适当赔偿"中的"适当"规定，并删除了第二款"但单位担任监护人的除外"的但书规定。

② 比如，民法学者提出采纳以行为认知能力为基础的"责任能力"概念，在监护人责任承担上采取过错推定原则等设想，区分无民事行为能力人和限制民事行为能力人致害两种情形规定不同的监护人责任。上述学术观点并未被民法典采纳，民法典未承认"责任能力"概念。

规定："无民事行为能力人、限制民事行为能力人造成他人损害的，由监护人承担侵权责任。监护人尽到监护职责的，可以减轻其侵权责任。"第二款规定："有财产的无民事行为能力人、限制民事行为能力人造成他人损害的，从本人财产中支付赔偿费用；不足部分，由监护人赔偿。"

从比较法的视角，我国监护人责任的立法规定具有独创性，创设了承担侵权责任之人与应支付赔偿费用之人的分离制度。[①] 自民法通则施行以来，围绕监护人责任规定第二款关于先从有财产的被监护人本人财产中支付赔偿费用，不足部分由监护人赔偿的规定，与其第一款关于被监护人侵权由监护人担责的规定之间的关系问题，就存在平行关系说、递进关系说、内外关系说等多种解读思路。与此相应，对监护人责任的性质认定大致可以划分为三种观点。

（二）争议观点

观点一：特定情形下的补充责任。此种观点认为，监护人承担责任的一般规则根据被监护人是否具有财产来确定。被监护人没有财产的，适用监护人责任规定第一款的规定，由监护人承担责任；被监护人有财产的，适用第二款规定，监护人承担的是补充责任。如果被监护人的财产足够支付赔偿费用，监护人实际上不承担责任。[②]

观点二：以填补漏洞为目的的公平责任。此种观点认为，第一款是为监护人利益而特别设立的减责规则，制造了受害人可能得不到完全赔偿的救济漏洞。为弥补第一款之不足，第二款基于衡平思想，对被监护人与监护人强加了一种公平责任，要求有财产的被监护人承担独立责任，以周全受害人的救济，若受害人仍不能从被监护人处获得完全赔偿，监

[①] 参见程啸：《侵权责任法》，法律出版社2021年版，第433页。
[②] 参见王利明、周友军、高圣平：《中国侵权责任法教程》，人民法院出版社2010年版，第466页；杨立新：《侵权行为法专论》，高等教育出版社2005年版，第204~205页；张新宝：《侵权责任法》，中国人民大学出版社2006年版，第211页。

护人须无条件地第二次负赔偿责任。①

观点三：在外部监护人承担替代责任，在内部监护人与被监护人分担责任或者分担费用。此种观点认为，监护人责任规定的第一款是监护人对外承担责任的基础，即被监护人的侵权行为对外只由监护人承担责任，被监护人不能成为责任主体；第二款调整监护人和被监护人之间的内部关系。有关内部关系的意见又有两种：一种意见认为，监护人与被监护人之间的内部关系是对内分担责任；另一种意见则认为，有财产的被监护人与监护人之间的内部关系是对内分担赔偿费用。②

（三）实务困惑

上述学理观点为监护人责任制度的司法适用提供了一定参考，但无论哪一种观点，均难以周全妥适地解决司法实务中的困惑。

一是从法律条文的文字表述中无从明确得知被监护人本人是否承担侵权责任。从比较法上看，法国、德国、荷兰、日本等国民法典均对被监护人应否对自己的致害行为担责单独作出明确规定③，我国民法典第一千一百八十八条第二款有关从被监护人本人财产中"支付赔偿费用"的规定，很难使法官有决心照此规定判令有财产的被监护人承担侵权责任。而前述认为监护人责任属于"特定情形下的补充责任"的观点，或者认为其属于"以填补漏洞为目的的公平责任"的观点，均建立在被监护人自己要承担侵权责任的基础上。

二是判令被监护人承担侵权责任不符合我国民事制定法对民事责任制度的体系构建。责任主体是民事责任制度的重要内容，在各国侵权法

---

① 杨立新教授主持编写的《侵权责任法草案》第八十二条持此种观点。参见朱广新：《被监护人致人损害的侵权责任配置——〈侵权责任法〉第32条的体系解释》，载《苏州大学学报（哲学社会科学版）》2011年第6期。

② 参见刘保玉：《监护人责任若干争议问题探讨》，载《法学论坛》2012年第3期。

③ 例如，德国民法典第828条规定："（1）未满七周岁的人，对其给他人造成的损害，不负责任。（2）满七周岁，但未满十八周岁的人，在其实施加害行为时不具有认识责任所必要的辨识时，对其给他人造成的损害不负责任。对于喑哑人，适用相同规定。"

中，民事主体承担责任的前提是其具备责任能力，即民事主体据以独立承担民事责任的法律地位或法律资格。① 我国现行民事制定法未采纳责任能力的概念，而是以民事行为能力代替责任能力，以民事行为能力的有无来判断自然人责任能力的有无。据此，作为无民事行为能力人和限制民事行为能力人的被监护人，在体系解释上难以被作为侵权责任主体对待。若以财产的有无作为判断被监护人责任能力的例外标准，② 且一概不区分加害人为无民事行为能力人或者限制民事行为能力人，实际是架空了以自然人行为能力的完全性为原则的民事责任判断标准，这种例外标准虽然在保障受害人受偿、体现公平方面有其合理性，但违反了监护制度设立的宗旨，不利于保障被监护人的利益。

三是认定被监护人有无财产的时间节点在技术上难以合理确定，且会加重法院查明事实的难度，并带来一定的道德风险。将动态的财产事实状况作为确定被监护人承担侵权责任的标准，不够严肃和稳妥。

相比而言，内外关系说令监护人对外承担完全的替代责任，被监护人对外不承担侵权责任，只是在内部关系上分担赔偿费用，能够较好地与现行民事制定法中民事责任制度、监护制度的逻辑体例保持一致，亦避免了突破法律规定判令被监护人承担侵权责任的顾虑，可以成为解决民法典第一千一百八十八条两款规定关系争议的基本思路。但同时也应看到，有关"监护人尽到监护职责的，可以减轻其侵权责任"的特殊规定，会导致内外关系说难以避免对受害人救济不足的情况发生；且当监护人由父母等亲属之外的人员或者单位担任时，对外完全由监护人担责会造成个人或者单位不愿意担任监护人，这对被监护人的成长和生活会造成负面影响。③ 因此，"以填补漏洞为目的的公平责任"的观点所体现

---

① 参见梁慧星：《民法总论》，法律出版社1996年版，第59页。
② 也有观点认为，我国现行制定法关于自然人责任能力的判断标准，采取以民事行为能力为原则、以财产能力为例外的标准。参见高圣平主编：《中华人民共和国侵权责任法立法争点、立法例及经典案例》，北京大学出版社2010年版，第31~32页。
③ 参见石宏主编：《〈中华人民共和国民法典〉释解与适用·人格权编侵权责任编》，人民法院出版社2020年版，第170页。

的价值取向,亦应予以借鉴。

(四) 解决方案

经认真研究并广泛征求意见,对于民法典第一千一百八十八条两款规定的关系以及监护人责任性质的争议,《民法典侵权责任编解释(一)》第五条通过区分责任承担与赔偿费用的支付予以解决。该条规定:"无民事行为能力人、限制民事行为能力人造成他人损害,被侵权人请求监护人承担侵权人应承担的全部责任的,人民法院应予支持,并在判决中明确,赔偿费用可以先从被监护人财产中支付,不足部分由监护人支付。监护人抗辩主张承担补充责任,或者被侵权人、监护人主张人民法院判令有财产的无民事行为能力人、限制民事行为能力人承担赔偿责任的,人民法院不予支持。从被监护人财产中支付赔偿费用的,应当保留被监护人所必需的生活费和完成义务教育所必需的费用。"

上述规定考虑了以下因素。

其一,被监护人侵权,对外由监护人担责,监护人承担的是完全的替代责任而非补充责任。监护人承担责任的前提是被监护人的加害行为构成侵权,监护人承担责任的范围是"侵权人应承担的全部责任",这种表述考虑了受害人过错等免责事由对监护人责任范围的影响,表明监护人的责任大小应当与侵权人应承担的责任大小相当。

其二,无论被监护人本人有无财产,均不判令被监护人对外承担侵权责任,被监护人不能成为民事责任主体。

其三,按照赔偿费用履行规则来处理民法典第一千一百八十八条第二款规定的从被监护人本人财产中支付赔偿费用的法律适用争议,并将赔偿费用的支付写入裁判主文,即"并在判决中明确,赔偿费用可以先从被监护人财产中支付,不足部分由监护人支付"。赔偿费用的支付应以被侵权人应获救济的损害范围为限,以此协调减轻监护人责任时受害人救济不足的问题。

其四,人民法院审理案件时不拘于被监护人当时是否有财产,案件进入执行程序时，可以由非近亲属的监护人举证证明被监护人有财产，由人民法院在执行程序中查明并确定被监护人的财产状况。被监护人的财产，可以是其受赠、继承的财产及其他合法所得财产。所谓"有财产"，并非指被监护人有少量的零用钱或者价值不大的日常生活用品，而是指被监护人拥有价值较大的存款、贵重物品等动产及房产等不动产。

其五，为保证未成年人等被监护人健康成长、轻装前行，可以适当借鉴德国民法典第829条的规定，对从被监护人的财产中支付赔偿费用作出限定。德国民法典第829条规定，对于监护人或者其父母没有能力或者不能赔偿损害的情形，儿童的财产可以用于赔偿直接损失，并且该赔偿不以剥夺其日常生活或有益于其社会地位的教育为限。① 借鉴上述立法例，《民法典侵权责任编解释（一）》第五条第三款规定"从被监护人财产中支付赔偿费用的，应当保留被监护人所必需的生活费和完成义务教育所必需的费用"，亦即人民法院在执行程序中责令被监护人支付赔偿费用时，不得超出上述必要限度。

二、归责原则之争与解决方案

（一）争议缘由

监护人承担责任的前提是被监护人的加害行为构成侵权，在此基础上监护人承担责任适用何种归责原则，在我国法学理论界和司法实务中长期存在争议，这可能源于对民法典第一千一百八十八条第一款关于"监护人尽到监护职责的，可以减轻其侵权责任"的规定有不同理解，加之国外立法例确有不同规定。

从国外立法例来看，关于监护人责任的归责原则主要有三种立法模

---

① 参见最高人民法院民法典贯彻实施工作领导小组主编：《中华人民共和国民法典理解与适用·侵权责任编》，人民法院出版社2020年版，第222页。

式：一是规定监护人承担无过错责任，比如法国①。二是规定监护人承担过错推定责任，比如德国②。三是根据被监护人的年龄区分规定监护人责任适用不同的归责原则。比如，荷兰民法典第164条和第165条规定，对于未满十四周岁的儿童造成他人损害的，父母或者其他监护人承担无过错责任；已满十四周岁但未满十六周岁的被监护人造成他人损害的，父母或者其他监护人承担过错推定责任。

我国民法典并未根据被监护人的年龄或者精神状况，区分规定监护人责任适用不同的归责原则，③ 其既非完全不考虑监护人过错的无过错责任，也非监护人举证证明其尽到监护职责就不承担侵权责任的过错推定责任。法学界对我国法上监护人责任的归责原则主要形成了三种观点。

(二) 争议观点

观点一：以过错推定为原则，以公平责任为补充。此种观点认为，在监护人责任的构成要件中，主观过错的表现形式具有特殊性，损害是由无民事行为能力人或者限制民事行为能力人造成的，而过错表现在他们的监护人身上。从加害行为致人损害的事实中，可以推定其监护人有疏于监护的过失。监护人认为自己无过错，实行举证责任倒置，由其举证证明自己无过错。在适用过错推定原则的基础上，如果证明监护人确已尽监督责任，本应免除监护人的侵权责任，但为了平衡当事人之间的利益关系，则按照法律规定，适用公平责任进行调整，合理确定赔偿责

---

① 法国民法典第1384条第4款规定："父与母，只要其行使对子女的照管权，即应对与其一起居住的未成年子女造成的损害，连带承担责任。"参见《法国民法典》，罗结珍译，中国法制出版社1999年版，第330页。

② 德国民法典第832条第1款规定："依法对因未成年或因精神或身体状况而需要监督的人负有监督义务的人，对此人给第三人不法造成的损害，负有赔偿的义务。其尽其监督义务的，或损害即使在进行适当监督时仍会发生的，不发生赔偿的义务。"参见《德国民法典》，杜景林、卢谌译，中国政法大学出版社1999年版，第203页。

③ 民法典第一千一百九十九条、第一千二百条关于教育机构责任的规定，则根据被侵权人行为能力的不同，对教育机构承担责任的归责原则作出了区分，这有别于监护人责任的规定。

任归属。① 类似观点认为，监护人责任是一种特殊的过错推定责任，其特殊性体现在即使监护人能够证明自己尽到了监护职责，也仅能减轻责任，而不能免责。

观点二：相对的无过错责任原则。此种观点认为，无须考虑监护人是否具有疏于管理和教育等违反监护义务的行为，只要被监护人给他人造成了损害，即由监护人承担侵权责任。我国民法并不允许监护人以尽到了监护义务为由获得免责，而只能减轻其民事责任。② 监护人承担的无过错责任是相对的，若其已尽监护职责，虽不能完全免责，但可以适当减轻赔偿责任。③

观点三：混合责任。此种观点认为，应区分不同类型的被监护人而分别确定监护人责任的归责原则。在被监护人无识别能力的情况下，监护人是对自己的侵权行为承担责任，此为过错责任；而在被监护人有识别能力的情况下，监护人是对他人的侵权行为承担责任，此为无过错责任。④ 还有观点认为，作为无民事行为能力人的未成年人给他人造成损害的，监护人应当承担的是无过错责任，但监护人尽到监护职责的，可以减轻责任。作为限制民事行为能力人的未成年人造成他人损害的，应当自行承担侵权责任，受害人也可以请求监护人承担责任，但监护人能够证明自己尽到监护职责或者即便尽到监护职责也无法避免损害的，可以免除责任。如果受害人无法从被监护人处获得赔偿，监护人可以通过证明自己没有过错而免责，则受害人有权请求监护人根据经济情况进行适当补偿，即监护人应当承担公平责任。对于成年的精神病人，因其精神健康状态而无法辨认或者无法完全辨认自己的行为，监护人责任应当一

---

① 参见杨立新：《〈中华人民共和国侵权责任法〉条文释解与司法适用》，人民法院出版社2010年版，第182页。

② 参见王利明：《中国民法典学者建议稿及立法理由·侵权行为编》，法律出版社2005年版，第165页。

③ 参见李霞：《监护制度比较研究》，山东大学出版社2004年版，第397页。

④ 参见史尚宽：《债法总论》，中国政法大学出版社2000年版，第183页。

律适用无过错责任。①

上述观点，从不同路径对我国法上监护人责任的归责原则作出了分析，司法实践可兹参考借鉴。鉴于归责原则决定责任构成要件和举证责任的分配，在实体与程序上均具有重要意义，从统一裁判标准的角度考量，有必要对此问题作出明确指引。

（三）解决方案

如前所述，《民法典侵权责任编解释（一）》以内外关系说为基础兼顾公平价值考量来解决民法典第一千一百八十八条第一款与第二款规定的关系争议，将监护人责任定性为替代责任而非补充责任。在侵权法原理中，责任人对于其享有支配性或者控制力的人实施的侵权行为承担替代责任，不需要考虑其是否有过错，令其承担责任的归责事由是控制力这一客观事由，而非过错的主观事由。客观归责，是基于社会本位的思考，依据社会秩序之一般客观需要，对参与社会活动之个别人，课以责任负担之原理。② 在客观归责的情况下，行为人承担责任是基于风险分散、社会正义等客观化、社会化的原因。大多数监护人与被监护人有血缘等密切关系，监护人对被监护人具有教育、管理等很强的控制力。法律设置监护人责任，旨在督促监护人尽到管理、教育、保护被监护人的法定职责，预防和避免被监护人实施侵权行为，更好地维护被侵权人的合法权益，填补受害人的损害。因此，按照侵权法的原理，作为替代责任的监护人责任，在责任构成要件上就无须考虑监护人过错，在举证责任分配上无须按照过错推定原则的要求，将证明自己尽到监护职责的举证责任分配给监护人。至于民法典第一千一百八十八条第一款"监护人尽到监护职责的，可以减轻其侵权责任"的规定，并非以监护人有无过错来认定其是否担责，而是将尽到监护职责作为监护人减轻责任的抗辩

---

① 参见程啸：《侵权责任法》，法律出版社2021年版，第434页。
② 参见邱聪智：《从侵权行为归责原理之变动论危险责任之构成》，中国人民大学出版社2006年版，第35页。

事由。是否进行减轻责任的抗辩,是监护人的诉讼权利,而非其应承担的举证义务。

另外,从体系上看,民法典第一千一百六十九条关于教唆、帮助侵权情形下监护人未尽到监护职责的,承担相应的责任的规定,亦不应简单理解为监护人承担责任要以过错为构成要件。这里规定的"未尽到监护职责",主要是确定监护人承担"相应"责任的依据,即监护人承担与其未尽到监护职责的过错比例相适应的责任,而不是与教唆人、帮助人承担相同大小的责任,这彰显了立法对教唆、帮助侵权情形下教唆人、帮助人与监护人之间以及义务主体与受害人之间的利益衡量和价值考量。

关于应否区分行为人是无民事行为能力人还是限制民事行为能力人,进而对监护人责任区分适用不同的归责原则这一问题,民法典以及《民法典侵权责任编解释(一)》制定过程中存在较大争议。经与立法机关沟通,《民法典侵权责任编解释(一)》采取了不作区分的立场,与民法典的立法本义保持一致,即无论是无民事行为能力人侵权,还是限制民事行为能力人侵权,监护人承担的都是无过错替代责任,不考虑被监护人的辨识能力或者行为能力对监护人责任的影响。主要是因为,民法典第一千一百八十八条关于监护人责任的规定,并未借鉴荷兰民法典等域外立法例,即在确定监护人责任时考虑被监护人的辨识能力而区分适用不同的归责原则,而是一体规定了不完全民事行为能力人侵权由监护人担责,故《民法典侵权责任编解释(一)》的规定亦应遵从民法典监护人责任制度的立法精神。[①]

总之,《民法典侵权责任编解释(一)》对解决监护人责任规定适用争议的总体思路是,以替代责任定性,以无过错责任为归责原则,以

---

① 已废止的《最高人民法院关于贯彻执行〈中华人民共和国民法通则〉若干问题的意见(试行)》(以下简称《民通意见》)第一百四十八条规定:"教唆、帮助他人实施侵权行为的人,为共同侵权人,应当承担连带民事责任。教唆、帮助无民事行为能力人实施侵权行为的人,为侵权人,应当承担民事责任。教唆、帮助限制民事行为能力人实施侵权行为的人,为共同侵权人,应当承担主要民事责任。"该条规定一定程度上体现了区分被监护人的行为能力而对教唆人、帮助人与监护人的责任作出区分规定的立法精神。

监护人抗辩并举证证明自己尽到监护职责为减轻责任的事由，不要求法院将证明尽到监护职责的举证责任主动分配给作为被告的监护人。同时，不区分规定无民事行为能力人侵权和限制民事行为能力人侵权的监护人责任。

三、责任形态之争与解决方案

（一）争议缘由

民法典不仅在第一千一百八十八条专门规定了监护人责任，还在第一千一百六十九条第二款①规定了教唆、帮助侵权情形下的教唆人、帮助人的侵权责任和监护人承担的"相应的责任"，在第一千一百八十九条②规定了委托监护情形下的监护人责任和受托人承担的"相应的责任"。按照侵权责任形态体系划分，第一千一百八十八条是关于监护人单独责任的规定，而第一千一百六十九条、第一千一百八十九条则属于监护人与其他责任主体共同承担责任的规定。共同责任并非一个具体的侵权责任形态，而是对连带责任、按份责任、不真正连带责任和补充责任等多数人承担责任的侵权责任形态的总称。按照立法惯例，当存在多个侵权责任主体时，法律条文中一般会写明具体的侵权责任形态③，而民法典第一千一百六十九条第二款关于监护人承担的"相应的责任"以及第一千一百八十九条关于受托人承担的"相应的责任"的规定，并未清晰地写明具体责任形态，导致适用法律时存在困惑。

---

① 民法典第一千一百六十九条第二款规定："教唆、帮助无民事行为能力人、限制民事行为能力人实施侵权行为的，应当承担侵权责任；该无民事行为能力人、限制民事行为能力人的监护人未尽到监护职责的，应当承担相应的责任。"

② 民法典第一千一百八十九条规定："无民事行为能力人、限制民事行为能力人造成他人损害，监护人将监护职责委托给他人的，监护人应当承担侵权责任；委托人有过错的，承担相应的责任。"

③ 比如，民法典第一千一百六十八条写明共同侵权人承担连带责任，第一千一百七十二条写明分别侵权各自承担相应的责任（按份责任），第一千一百九十八条第二款写明第三人侵权时安全保障义务人承担补充责任等。

（二）争议观点

观点一：按份责任。此种观点认为"相应的责任"应理解为与责任主体的过错比例及其致害行为的原因力相适应的按份责任。已废止的《民通意见》第一百四十八条第三款曾规定："教唆、帮助限制民事行为能力人实施侵权行为的人，为共同侵权人，应当承担主要民事责任。"该规定即将教唆人、帮助人与监护人的责任按照主次进行了划分，在适用民法典第一千一百六十九条、第一千一百八十九条时应当沿袭此种按份责任的责任形态。

观点二：单向连带责任。此种观点认为，民法典第一千一百六十九条第二款规定的教唆、帮助侵权情形下，监护人与教唆人、帮助人之间的责任形态为单向连带责任，在外部关系上，监护人在其过错范围内与教唆人、帮助人承担连带责任，在内部关系上，不允许承担了责任的监护人向教唆人、帮助人追偿。还有一种意见则认为，教唆人、帮助人与监护人之间相互不能追偿。民法典第一千一百八十九条规定的委托监护情形下监护人与代为履行监护职责的受托人之间的责任形态，亦应作相同解释。

观点三：补充责任。此种观点认为，教唆、帮助侵权情形下教唆人、帮助人承担侵权责任，未尽到监护职责的监护人在过错范围内承担补充责任。同理，委托监护情形下，监护人对被监护人的致害行为承担侵权责任，有过错的受托人在过错范围内承担补充责任。

观点四：部分不真正连带责任。此种观点认为，在连带责任法定化的情况下，为更好地保护受害人的民事权益、救济损害造成的后果，可按照侵权法中不真正连带责任这种特殊侵权责任形态，以部分不真正连带责任认定教唆、帮助侵权情形下过错监护人与教唆人、帮助人，委托监护情形下过错受托人与监护人之间的责任形态。在教唆、帮助侵权情形下，教唆人、帮助人与过错监护人均是违反法定义务的民事责任主体，教唆人、帮助人与过错监护人基于不同的侵权行为造成了受害人的同一损害结果，产生的不同侵权责任在监护人有过错的部分相互重合，受害人对教唆人、帮助人与过错监护人均享有赔偿请求权，在相互重合的侵权责任中只需承担一个侵权责任即可保护受害人的权利。

（三）解决方案

为解决上述法律适用争议，《民法典侵权责任编解释（一）》第十条①明确规定了监护人和代为履行监护职责的受托人的责任形态；第十二条②明确规定了教唆人、帮助人与监护人的责任形态。总体思路是：借鉴不真正连带责任中多个责任主体责任重合的形态特征，坚持比例原则、利益衡量原则，从与过错比例相应的部分不真正连带责任角度对委托监护和教唆、帮助侵权中的"相应的责任"作了统一和务实的处理。

1. 未采纳按份责任、连带责任和补充责任的理由

（1）未采纳按份责任的理由。主要有两点考虑：一是违反法定义务本应单独承担全部责任的人不能因另一义务人的过错行为而减轻或者分担自己的责任，导致不法侵害人获益。在委托监护情形下，监护人将监护职责委托他人代为履行，并未发生监护职责的移转，故依照民法典第一千一百八十八条第一款和第一千一百八十九条的规定，监护人将监护职责委托给他人的，监护人应当承担侵权责任；民法典并未按照按份责

---

① 《民法典侵权责任编解释（一）》第十条规定："无民事行为能力人、限制民事行为能力人造成他人损害，被侵权人合并请求监护人和受托履行监护职责的人承担侵权责任的，依照民法典第一千一百八十九条的规定，监护人承担侵权人应承担的全部责任；受托人在过错范围内与监护人共同承担责任，但责任主体实际支付的赔偿费用总和不应超出被侵权人应受偿的损失数额。监护人承担责任后向受托人追偿的，人民法院可以参照民法典第九百二十九条的规定处理。仅有一般过失的无偿受托人承担责任后向监护人追偿的，人民法院应予支持。"

② 《民法典侵权责任编解释（一）》第十二条规定："教唆、帮助无民事行为能力人、限制民事行为能力人实施侵权行为，被侵权人合并请求教唆人、帮助人以及监护人承担侵权责任的，依照民法典第一千一百六十九条第二款的规定，教唆人、帮助人承担侵权人应承担的全部责任；监护人在未尽到监护职责的范围内与教唆人、帮助人共同承担责任，但责任主体实际支付的赔偿费用总和不应超出被侵权人应受偿的损失数额。监护人先行支付赔偿费用后，就超过自己相应责任的部分向教唆人、帮助人追偿的，人民法院应予支持。"

任的表述写明受托人有过错时与监护人"各自"承担相应责任,① 亦未写明受托人有过错时可以减轻监护人的责任,故监护人不能因受托人的过错而与受托人分担责任。同理,在教唆、帮助侵权情形下,无民事行为能力人、限制民事行为能力人系加害工具,故民法典第一千一百六十九条规定由教唆人、帮助人承担侵权责任,这里并未区分教唆、帮助的对象为无民事行为能力人还是限制民事行为能力人,相较于已废止的《民通意见》第一百四十八条的规定,加重了教唆人、帮助人的责任。监护人未尽到管理、教育等监护职责的,并不能因此减轻或分担教唆人、帮助人的侵权责任。二是保障受害人充分受偿。按份责任是各自承担相应份额的责任,若一个责任主体不承担自己份额内的责任,其他责任主体无义务填补该部分损害,这就可能导致受害人在某个责任主体不履行赔偿义务时存在损害得不到填补的情况。

(2) 未采纳单向连带责任的理由。民法典对连带责任的发生采明定主义立场,第一百七十八条第三款规定"连带责任,由法律规定或者当事人约定",侵权责任作为法定责任,在法律未明确规定当事人承担连带责任的情况下,② 司法解释不得突破法律对连带责任作出扩张规定。2019年最高人民法院配合民法典的实施对原民事司法解释进行清理时,就已对司法解释中缺乏上位法依据的连带责任规定进行了清理修改。

(3) 未采纳补充责任的理由。补充责任是顺位在后的责任,只有在顺序靠前的责任主体没能填补损害的情况下,补充责任人才有义务对被侵权人未获赔偿部分承担责任;在受害人行使第一个请求权时,补充责任人的责任并不消灭,而是处于"备用"状态。③ 这明显有别于民法典第一千一百六十九条和第一千一百八十九条所规定的"相应的责任","相

---

① 民法典第一千一百七十二条关于分别侵权承担按份责任的规定,其条文表述就使用了"各自承担相应的责任"的表述。民法典第一千一百七十二条规定:"二人以上分别实施侵权行为造成同一损害,能够确定责任大小的,各自承担相应的责任;难以确定责任大小的,平均承担责任。"

② 民法典实施后,学者逐渐开始对连带责任明定主义立场进行反思,认为其已出现不能适应现实生活之困境。参见张定军:《连带债务发生明定主义之反思》,载《法学研究》2023年第2期。

③ 参见杨立新:《侵权行为法专论》,高等教育出版社2005年版,第306页。相

应的责任"并不是顺序在后的责任,被侵权人可以择一行使任一请求权,其中一个请求权行使并获偿后,相互重合的另一请求权即行消灭。

2. 借鉴不真正连带责任作务实处理

民法理论中的不真正连带债务体现在侵权法上也被称为不真正连带责任,其主要特点是多数行为人违反法定义务,分别实施了不同的加害行为,不同行为之间并无主观上的意思联络和客观上的关联共同性,但产生了因果关系的竞合导致同一损害,各个行为人各负全部赔偿责任,并因任一责任人的履行而使全体责任人的责任归于消灭。① 产品侵权中生产者和销售者之间的责任形态,是最为典型的不真正连带责任。

部分不真正连带责任是对不真正连带责任的创新。其创新性体现在,多个责任主体就同一损害承担的赔偿责任并不是全部重合,而是部分重合,即某些责任主体承担全部赔偿责任,而某些责任主体承担部分赔偿责任,承担全部责任的责任主体与承担部分责任的责任主体在部分责任的范围内发生责任重合,在责任重合部分一个责任主体承担了责任,则其他责任主体的责任发生消灭;一个责任主体不承担重合部分的责任的,另一责任主体有义务承担,以周全受害人救济。《民法典侵权责任编解释(一)》第十条关于"监护人承担侵权人应承担的全部责任;受托人在过错范围内与监护人共同承担责任,但责任主体实际支付的赔偿费用总和不应超出被侵权人应受偿的损失数额"的表述,即体现多个责任主体之间民事责任的部分重合。

部分重合的价值考量是,在确定共同责任范围时体现比例原则,以兼顾公平和救济受害人。一方面,在教唆、帮助侵权情形下,往往被监护人脱离了监护人的监护,监护人是否尽到看管、教育、保护之必要监督,应以加害行为实施时为准进行个案判断,② 不宜"一刀切"地认定监

---

① 参见程啸:《侵权责任法》,法律出版社2021年版,第35页。

② 史尚宽先生认为,监督义务的判断"不独已尽一般的所要求之监督义务,而且就该加害行为特别情事,亦应已为必要之监督,始可免除疏懈之责。……又监督之疏懈与否,应以加害行为之时为准。即于此时法定代理人是否以善良管理人之注意,尽其监督之责任"。参见史尚宽:《债法总论》,中国政法大学出版社2000年版,第184~185页。

护人与教唆人、帮助人各负全部赔偿责任。在委托监护情形下，监护人将监护职责委托给他人，并不发生监护职责的移转，监护人仍是监护职责的履行主体，故其应对被监护人的加害行为承担侵权人应承担的全部责任；但受托人作为代为履行监护职责的人，其对损害发生的可责难性应坚持个案判断原则和利益衡量原则，综合受害人的人身财产权益损害、被监护人的年龄、性格和过往表现等自身特点、健康自由发展空间、教育义务履行情况、受托监护人的履行成本等因素，综合予以判断，不应一概认定受托人与监护人各负全部赔偿责任。据此，从公平角度看，不应对教唆、帮助侵权情形下的监护人以及委托监护情形下的受托人课以过重的责任。另一方面，不同责任主体在"相应的责任"部分发生责任重合，若一个责任主体不能承担重合部分的责任，受害人还可以请求另一个责任主体承担，这样的制度安排有利于充分保障受害人受偿，更好地救济受害人的民事权利。

3. 内部求偿规则的特殊规定

一般而言，不真正连带责任中实际对外担责的主体可以向终局责任人请求赔偿。比如，民法典第一千二百零三条第二款规定："产品缺陷由生产者造成的，销售者赔偿后，有权向生产者追偿。因销售者的过错使产品存在缺陷的，生产者赔偿后，有权向销售者追偿。"关于不真正连带责任的内部求偿，一种观点认为，求偿关系基于让与请求权，即履行了债务的债务人可以请求债权人让与其对终局责任人的请求权；另一种观点认为，求偿关系基于赔偿代位，即依照法律规定履行了债务的债务人当然地取得债权人对终局责任人的请求权，不需经当事人的意思表示。[1]德国及我国民国时期的民法基本采让与请求权的立法例，[2]日本等国家则采赔偿代位的立法例。[3]

---

[1] 参见杨立新：《侵权行为法专论》，高等教育出版社2005年版，第307页。

[2] 例如，我国民国时期民法第二百二十八条规定："关于物或权利之丧失或损害，负赔偿责任之人，得向损害赔偿请求权人请求让与基于其物之所有权或基于其权利对于第三人之请求权。"

[3] 例如，日本民法典第422条规定："债权人因损害赔偿而受领其债权标的之物或权利价额之全部时，债务人就该物或权利，当然代位债权人。"

《民法典侵权责任编解释（一）》第十条和第十二条关于内部求偿规则的解释，基本体现了过错终局的特征。

第十条对监护人和受托人之间的内部求偿，指引参照适用民法典第九百二十九条①关于委托合同内部求偿的规定。同时，参照民法典第九百二十九条的规定，无偿委托情形下监护人只能向有故意或者重大过失的受托人追偿，这表明仅有一般过失的无偿受托人不能成为终局责任主体，故应赋予其向监护人追偿的权利；从利益衡量的角度看，无偿受托人并未因受托事项而获益，其仅因一般过失对外承担赔偿责任后，若不允许其向监护人追偿，则会产生受托人权益与义务不对等的情况，导致自然人不愿无偿接受委托代为履行监护职责，这不利于被监护人的成长。

第十二条关于教唆人、帮助人与监护人的内部求偿规则仍贯彻过错终局原则，因教唆人、帮助人或者监护人承担的都是与其自身过错相应的责任，故不应支持教唆人、帮助人与监护人之间相互进行追偿，但为鼓励相应责任主体即监护人积极履行赔付义务，若其自愿先行支付超出自己相应责任的赔偿费用，人民法院应支持监护人就超出自己相应责任的垫付费用向教唆人、帮助人追偿。

(四) 裁判主文的书写

如何书写"相应的责任"的裁判主文是审判实务普遍关心的问题。《民法典侵权责任编解释（一）》第十条、第十二条的条文表述，实际对裁判主文的书写作出了指引，以第十条为例具体释明如下：其一，被侵权人单独请求监护人承担责任的，裁判主文判令监护人承担侵权人应承担的全部责任。其二，被侵权人单独请求代为履行监护职责的受托人承担责任的，裁判主文判令受托人承担与其过错相应（比如20%）的赔

---

① 民法典第九百二十九条区分有偿委托和无偿委托，对委托人的求偿权作出了不同规定："有偿的委托合同，因受托人的过错造成委托人损失的，委托人可以请求赔偿损失。无偿的委托合同，因受托人的故意或者重大过失造成委托人损失的，委托人可以请求赔偿损失。受托人超越权限造成委托人损失的，应当赔偿损失。"

偿责任。其三，被侵权人将监护人和受托人列为共同被告，合并请求二者承担侵权责任的，裁判主文分两项书写：第一项判令监护人承担侵权人应承担的全部责任；第二项写明受托人在其过错比例（比如20%）范围内与监护人共同承担责任。

四、特定情形下被监护人侵权的责任承担

（一）实施侵权行为时未成年，诉讼时成年的责任承担

1. 主要争议

一是认定责任主体以行为时的行为能力为准还是以诉讼时的行为能力为准。侵权责任法颁布后，最高人民法院民事审判第一庭在阐释法律适用意见时曾提出以诉讼时的行为能力并结合经济能力作为担责的判断标准，① 但反对意见认为，以经济能力、劳动收入作为认定不完全民事行为能力人担责的标准，于法无据。

二是行为时已满十六周岁的未成年人，以自己的劳动收入为主要生活来源的，依照民法典第十八条第二款的规定视为完全民事行为能力人，其应否承担侵权责任，存在肯定和否定两种意见。有意见提出，民法典以具备完全民事行为能力来确定责任承担，视为具有完全民事行为能力的人具备承担责任的条件，应由行为人承担侵权责任。

2. 解决方案

《民法典侵权责任编解释（一）》第六条②根据民法典的立法精神，对相关争议问题的裁判标准作出以下指引。

---

① 持相同观点的学者意见参见石宏主编：《〈中华人民共和国民法典〉释解与适用·人格权编侵权责任编》，人民法院出版社2020年版，第170页。

② 《民法典侵权责任编解释（一）》第六条规定："行为人在侵权行为发生时不满十八周岁，被诉时已满十八周岁的，被侵权人请求原监护人承担侵权人应承担的全部责任的，人民法院应予支持，并在判决中明确，赔偿费用可以先从被监护人财产中支付，不足部分由监护人支付。前款规定情形，被侵权人仅起诉行为人的，人民法院应当向原告释明申请追加原监护人为共同被告。"

第一，为保障未成年人轻装前行，强化监护职责的履行，以实施侵权行为时的行为能力来确定责任承担主体，即"行为人在侵权行为发生时不满十八周岁，被诉时已满十八周岁的，被侵权人请求原监护人承担侵权人应承担的全部责任的，人民法院应予支持"。

第二，为与民法典第一千一百八十八条第二款有关从被监护人本人财产中支付赔偿费用的规定以及《民法典侵权责任编解释（一）》第五条的规定相衔接，裁判主文中应同时写明赔偿费用履行规则，即写明"赔偿费用可以先从被监护人财产中支付，不足部分由监护人支付"。

第三，不支持"视为完全民事行为能力人"承担侵权责任。主要原因为，民法典第十八条第二款有关已满十六周岁视为完全民事行为能力人的规定，紧接着上一款有关"独立实施民事法律行为"的规定[①]，系为保护以自己的劳动收入为主要生活来源的未成年人，使他们参与的正常民事法律关系处于稳定状态，第二款规定一般适用于民事法律行为领域，不适用于非意思表示行为的侵权责任领域。如果规定这部分未成年人还要承担侵权责任，与立法保护未成年人的精神不符。

第四，由于诉讼时行为人已成年，可能存在被侵权人仅起诉行为人的情况，若监护人未进入诉讼，则人民法院无法判令监护人担责，但又不能直接判令侵权行为人担责，故规定"人民法院应当向原告释明申请追加原监护人为共同被告"。

应注意的是，《民法典侵权责任编解释（一）》第六条仅规范未成年人侵权的责任承担问题，不规范作为无民事行为能力人和限制民事行为能力人的成年人侵权问题。

（二）未成年子女侵权的父母责任

依照民法典第一千零六十八条的规定，父母作为未成年子女的监护

[①] 民法典第十八条第一款规定："成年人为完全民事行为能力人，可以独立实施民事法律行为。"第二款规定："十六周岁以上的未成年人，以自己的劳动收入为主要生活来源的，视为完全民事行为能力人。"

人，对未成年子女的教育和保护既是权利又是义务；未成年子女造成他人损害的，父母应当依法承担民事责任。民法典这一规定，是为了充分保护受害一方的合法权益，增强父母对未成年子女教育的责任感。① 至于如何承担民事责任，应适用民法典第一千一百八十八条关于监护人责任的规定和第一千一百八十九条关于委托监护责任的规定。但民法典第一千一百八十八条和第一千一百八十九条的规定并不解决父母之间的责任形态问题，不能据此明确父与母之间如何承担监护人责任。司法实践中，一些案例按照按份责任来判令父母各自承担一定份额的责任，但这种裁判思路并未取得普遍认同。

有意见提出，应按照夫妻共同债务属于法定连带之债的思路，将未成年子女侵权的父母责任解释为连带责任。多数学者赞同此种解释路径，但包括立法机关在内的有关意见认为，将父母责任解释为连带责任，缺乏明确法律依据，违反连带责任明定主义的立法精神。为此，《民法典侵权责任编解释（一）》第七条参照民法典第一千零八十九条关于离婚时夫妻共同债务共同偿还的规定，对未成年子女侵权的父母责任作出规定："未成年子女造成他人损害，被侵权人请求父母共同承担侵权责任的，人民法院依照民法典第二十七条第一款、第一千零六十八条以及第一千一百八十八条的规定予以支持。"此处的共同承担责任，是对外不分份额的共同责任，父母之间内部可以区分责任份额，目的是强化父母的监护职责、保障受害人充分受偿。

（三）夫妻离婚后未成年子女侵权的责任承担

审判实践中，未成年子女侵权的，离异夫妻一方往往以未与未成年子女共同生活为由主张自己不承担或者少承担责任。以前，司法实践依

---

① 参见石宏主编：《〈中华人民共和国民法典〉释解与适用·婚姻家庭继承编》，人民法院出版社2020年版，第67页。

照"与子女共同生活"标准来判定离异夫妻的责任,① 这易导致不与子女共同生活的一方疏于履行监护职责。依照民法典第一千零八十四条的规定,离婚后,父母对子女仍有抚养、教育、保护的权利和义务。立足于强化监护职责的履行、保障受害人救济的价值考量,《民法典侵权责任编解释(一)》第八条第一款调整了既往裁判规则,明确规定:"夫妻离婚后,未成年子女造成他人损害,被侵权人请求离异夫妻共同承担侵权责任的,人民法院依照民法典第一千零六十八条、第一千零八十四条以及第一千一百八十八条的规定予以支持。一方以未与该子女共同生活为由主张不承担或者少承担责任的,人民法院不予支持。"

在内部责任认定上,离异夫妻因缺乏夫妻共同财产这一责任财产基础,往往需要划定各自承担的责任份额。划分内部责任既要考虑离异夫妻履行监护职责的情况,又要考虑不直接抚养子女的一方行使探视权、履行教育保护义务的可能性等情况,综合予以判断。同时,参照民法典第一千零八十九条关于离婚时夫妻共同债务清偿的规定,离异夫妻的内部责任份额,应允许离异双方进行协议。据此,《民法典侵权责任编解释(一)》第八条第二款规定:"离异夫妻之间的责任份额,可以由双方协议确定;协议不成的,人民法院可以根据双方履行监护职责的约定和实际履行情况等确定。实际承担责任超过自己责任份额的一方向另一方追偿的,人民法院应予支持。"

(四)未成年子女侵权的继父母责任

夫妻离异后再婚,再婚相对方与未成年人形成继父母子女关系。依照民法典第一千零七十二条第二款的规定,继父或者继母和受其抚养教育的继子女间的权利义务关系,适用民法典有关父母子女关系的规定。未成年人受继父母抚养教育成立了监护关系,但并不因此免除生父母的

---

① 已废止的《民通意见》第一百五十八条规定:"夫妻离婚后,未成年子女侵害他人权益的,同该子女共同生活的一方应当承担民事责任;如果独立承担民事责任确有困难的,可以责令未与该子女共同生活的一方共同承担民事责任。"

监护职责，对于未成年人侵权应如何协调生父母责任与继父母责任，实务中争议较大，处理纠纷时应进行个案考量和利益平衡，不宜"一刀切"。因此，《民法典侵权责任编解释（一）》第九条仅针对未成年子女与继父母未形成抚养教育关系的情形作出规定，明确未与该子女形成抚养教育关系的继父或者继母不承担监护人的侵权责任，由该子女的生父母承担侵权责任。

五、被监护人侵权的诉讼当事人

（一）争议问题与观点

关于无民事行为能力人、限制民事行为能力人致人损害，无民事行为能力人、限制民事行为能力人及其监护人的诉讼地位如何列明问题，在 2015 年《最高人民法院关于适用〈中华人民共和国民事诉讼法〉的解释》（以下简称《民事诉讼法解释》）施行前一直争议很大，存在单独被告说[①]、共同被告说[②]、财产区分说、被监护人为被告而监护人为第三人四种不同观点。司法实践中对此类案件当事人的列法也不同。2015 年《民事诉讼法解释》第六十七条[③]对此问题作出规范后，仍面临"被监护人不承担责任为何要成为被告"的持续拷问。

（二）解决方案

考虑到民法典第一千一百八十九条对委托监护的规定增加了受托人

[①] 单独被告说又分为监护人单独被告说和被监护人单独被告说。监护人单独被告说认为，根据法律规定，被监护人没有责任能力，不应作为责任承担主体，而只能由其监护人作为被告。被监护人单独被告说认为，被监护人是致害主体，理应作为侵权诉讼的被告，但由于其没有诉讼行为能力，故由其监护人作为法定代理人代为实施诉讼行为。

[②] 共同被告说认为，从有财产的被监护人的财产中支付赔偿费用，而由监护人赔偿不足部分，实际是确立了监护人和被监护人之间的连带责任关系，该诉讼为必要的共同诉讼，监护人和被监护人应列为共同被告。受害人只起诉一方的，法院应当依职权追加监护人或致他人损害的被监护人参加诉讼。

[③] 《民事诉讼法解释》第六十七条规定："无民事行为能力人、限制民事行为能力人造成他人损害的，无民事行为能力人、限制民事行为能力人和其监护人为共同被告。"

责任,《民法典侵权责任编解释（一）》第十条对监护人与受托人的责任形态,第五条和第六条对监护人承担责任与被监护人支付赔偿费用均作出了具体指引,为指导审判实践根据新的裁判规则正确列明诉讼当事人,回应"被监护人不承担责任为何要成为被告"的疑问,《民法典侵权责任编解释（一）》第四条①对此作出了相应规定,采取了以下立场。

其一,采被监护人与监护人共同被告说。列实施侵权行为的被监护人为被告;监护人在诉讼中具有双重地位,既是共同被告,又是被监护人的诉讼代理人。主要理由如下。

一是被监护人享有诉讼权利能力,即诉讼资格,可以作为民事诉讼的当事人。诉讼法上的诉讼权利能力一般与实体法上的民事权利能力具有一致性,自然人的民事权利能力始于出生,有民事权利能力就具有当事人能力,即诉讼权利能力,②可以作为民事诉讼的当事人。因此,以被监护人不承担侵权责任为由否定其诉讼当事人的资格,不符合民事诉讼法理论。

二是被监护人因欠缺诉讼行为能力,由其监护人作为法定代理人代为参加诉讼,监护人具有被告和诉讼代理人双重身份。除诉讼权利能力以外,诉讼法上还有诉讼行为能力的概念,其是指能够以自己的行为实现诉讼权利和履行诉讼义务的能力。没有诉讼行为能力的人所为的诉讼行为,不具有法律效力。程序法上的诉讼行为能力一般与实体法上的民事行为能力相对应。被监护人系无民事行为能力人或者限制民事行为能力人,故其欠缺诉讼行为能力,依照民事诉讼法的规定应由他的监护人作为法定代理人代为参加诉讼。同时,依照民法典第一千一百八十八条、第一千一百八十九条的规定,被监护人致人损害由监护人承担责任,故监护人是责任主体,与案件具有直接的利害关系,其当然应作为共同被

---

① 《民法典侵权责任编解释（一）》第四条规定:"无民事行为能力人、限制民事行为能力人造成他人损害,被侵权人请求监护人承担侵权责任,或者合并请求监护人和受托履行监护职责的人承担侵权责任的,人民法院应当将无民事行为能力人、限制民事行为能力人列为共同被告。"

② 参见江伟主编、肖建国副主编:《民事诉讼法》,中国人民大学出版社2008年版,第129页。

告参加诉讼。

三是列被监护人和监护人为共同被告，有利于审判执行工作开展。从案件审理来看，由于被监护人是侵权行为实施人，监护人是责任承担主体，将被监护人及其监护人或者受托监护人列为共同被告，对于人民法院查清案件事实、分清责任具有重要意义。

其二，是否列监护人或者代为履行监护职责的受托人为共同被告，是原告的诉讼权利，由原告行使处分权。原告可以单独请求监护人担责，也可以单独请求受托人担责，还可以将监护人和受托人列为共同被告合并请求二者共同承担责任。当然，从有利于查明案件事实、一次性化解纠纷的角度出发，法院可以行使释明权，尽量让监护人和受托人参加到诉讼中来。

六、结语

立足于监护人责任制度的中国特色，遵循强化监护职责的履行、保障未成年人健康成长、周全受害人救济的立法宗旨，遵从我国民事责任制度的体系安排，《民法典侵权责任编解释（一）》提出了解决监护人责任规定适用争议的具体方案。以内外关系说兼顾公平来解决监护人担责与有财产的被监护人支付赔偿费用的关系协调问题，将监护人责任解释为完全替代责任而非补充赔偿责任，区分责任的承担与赔偿费用的支付，并确立赔偿费用履行规则应写入裁判主文，以为在执行程序中执行被监护人本人财产提供裁判依据，但不要求在审理程序中查明被监护人当时的财产状况；为便于分配举证责任，根据监护人责任的立法精神，将监护人责任的归责原则解读为无过错责任，赋予监护人抗辩主张减轻责任的权利，而非承担过错推定责任所要求的证明尽到监护职责的举证义务，不要求将证明尽到监护职责的举证义务主动分配给作为被告的监护人。不因行为人（被监护人）行为能力的不同，而区分适用不同归责原则确定监护人责任；借鉴部分不真正连带责任解释委托监护情形下受托人，以及教唆、帮助侵权情形下监护人承担的"相应的责任"的责任形态，并对责任的外部效力、内部求偿规则、诉讼程序、诉讼当事人、裁判主文的写法等问题作出明确指引。针对审判实务中反映的特定情形下被监护人侵权的责任承担问题，对行为人实施侵权行为时未成年诉讼时成年的责任承担、未成年子女侵权的父母责任、夫妻离婚后未成年子女侵权的责任承担、未成年子女侵权的继父母责任、被监护人侵权的诉讼当事人如何列明等具体实体与程序问题，提出解决之道，期望对统一裁判标准有所助益。

我国侵权法上用人者责任规则的完善与发展

程　啸*

内容摘要：我国民法典第一千一百九十一条与第一千一百九十二条对用人者责任作出了规定。最高人民法院颁布的《最高人民法院关于适用〈中华人民共和国民法典〉侵权责任编的解释（一）》解决了用人者责任中的一些疑难争议问题，对于我国用人者责任的法律规则的发展和完善起到了重要的推动作用。首先，用人单位责任中的工作人员既包括与用人单位存在劳动关系的工作人员，也包括公务员和参照公务员管理的工作人员，存在劳务关系、聘用关系等其他关系的工作人员，以及个体工商户的员工。其次，用人单位的工作人员因执行工作任务造成他人损害，构成自然人犯罪的，仍然应依法认定用人单位的侵权责任。最后，有过错的劳务派遣单位承担的相应的责任与接受劳务派遣的用工单位的侵权责任之间，有过错的定作人承担的相应的责任与承揽人向被侵权人承担的侵权责任之间，构成所谓部分连带责任的关系。劳务派遣单位与接受劳务派遣的用工单位以及定作人与承揽人可以就追偿的问题进行相应的约定。

关键词：民法典　侵权责任编　用人单位责任　劳务派遣　定作人责任

---

* 清华大学法学院教授。

一、问题的提出

用人者责任也称雇主责任，是指基于劳动、劳务等法律关系而使用他人且对该他人享有管理控制力的民事主体（用人者），对于被使用的民事主体（被使用者）在执行工作任务或提供劳务活动的过程中给他人造成的损害或被使用者自身遭受的损害依法承担的侵权责任。狭义的用人者责任，仅指被使用者因执行工作任务或提供劳务而给他人造成损害时，用人者依法应当承担的侵权责任。此种用人者责任性质也称替代责任，即为他人的行为而承担的侵权责任。民法典用两个条文就狭义的用人者责任作了规定。其中，第一千一百九十一条规定的是用人单位责任，即用人单位对其工作人员因执行工作任务造成他人损害所承担的侵权责任。该条第一款规定的是普通的用人单位责任，第二款则是对劳务派遣时接受劳务派遣的用工单位与劳务派遣单位的侵权责任的规定。民法典第一千一百九十二条第一款第一句、第二句是对接受劳务一方的侵权责任的规定，即个人之间形成劳务关系的，提供劳务一方因劳务造成他人损害的，接受劳务一方应当承担侵权责任。[①] 此外，由于用人单位不仅会接受与其有劳动关系的自然人提供的劳动，也会接受其他自然人提供的劳动，且不是用人单位接受了某人所提供的劳动，该人在为用人单位提供劳动的过程中给他人造成损害的，就一定适用民法典第一千一百九十一条第一款的规定由该用人单位承担责任。因为，该提供劳务的人很可能只是完成作为定作人的用人单位交付的工作的承揽人而已。此外，为了更好地区分用人者与定作人责任，民法典第一千一百九十三条对定作人责任也作出了相应的规定。

自 2021 年 1 月 1 日民法典施行以来，实践中围绕民法典第一千一百九十一条至第一千一百九十三条适用，产生了不少疑难问题，理论界对此也有较大的争议。例如，用人单位的工作人员是否仅限于与用人单位

[①] 关于民法典第一千一百九十一条和第一千一百九十二条区分规定的原因，参见程啸：《侵权责任法》，法律出版社 2021 年版，第 444~445 页。

存在劳动合同关系的员工？为用人单位提供劳务的人员、个体工商户的员工因执行工作任务造成他人损害的，能否适用民法典第一千一百九十一条第一款的用人单位责任？劳务派遣的工作人员因执行工作任务造成他人损害时，如何认定劳务派遣单位的过错？被侵权人能否将接受劳务派遣的用工单位与有过错的劳务派遣单位一并作为被告提起诉讼？有过错的劳务派遣单位依法应当承担的"相应的责任"与接受劳务派遣的用工单位承担的替代责任之间是什么关系？接受劳务派遣的用工单位或者劳务派遣单位承担侵权责任后相互之间能否进行追偿？工作人员因执行工作任务造成他人损害的行为构成自然人犯罪的，用人单位是否就不承担民事责任？定作人在对定作、指示或者选任有过错而依法承担相应的责任时，该侵权责任与承揽人承担的侵权责任是什么关系？定作人与承揽人之间能否进行追偿？2024年9月颁布的《最高人民法院关于适用〈中华人民共和国民法典〉侵权责任编的解释（一）》［以下简称《民法典侵权责任编解释（一）》］采用四个条文（第十五条至第十八条）对民法典第一千一百九十一条至第一千一百九十三条的适用问题进行了解释，回应了上述理论界与实务界的疑难问题。本文将结合司法解释的上述规定对上述问题加以分析研究，以供理论界与实务界参考。

二、用人单位责任的适用范围

民法典第一千一百九十一条第一款规定："用人单位的工作人员因执行工作任务造成他人损害的，由用人单位承担侵权责任。用人单位承担侵权责任后，可以向有故意或者重大过失的工作人员追偿。"要正确理解与适用这一规定，首先必须准确界定用人单位及其工作人员的范围。

（一）用人单位的界定

用人单位是我国法上的独特概念，在不少法律中都出现了这个概念，不过，它们各自的范围又有所不同。例如，工会法第三条第一款中的"用人单位"是对"在中国境内的企业、事业单位、机关、社会组织"

的统称。劳动法第二条第一款中的"用人单位"是指"在中华人民共和国境内的企业、个体经济组织";劳动合同法第二条第一款中的"用人单位"是指我国境内的企业、个体经济组织、民办非企业单位等组织。关于民法典第一千一百九十一条第一款中使用的"用人单位"的范围,存在不同的看法。一种观点认为,该款的用人单位既包括企业、事业单位、国家机关、社会团体等,也包括个体经济组织等。① 申言之,民法典中的用人单位虽然来自劳动法、劳动合同法,但其内涵和外延更为广泛。除了个人、家庭、农村承包经营户等外,民法典总则编所规定的营利法人、非营利法人(事业单位法人、社会团体法人、基金会、社会服务机构、宗教活动场所等捐助法人)、特别法人(机关法人、农村集体经济组织法人、城镇农村的合作经济组织法人、基层群众性自治组织法人)以及不具有法人资格的非法人组织,统称为用人单位,而不区分其与劳动者之间是否存在劳动关系。② 还有一种观点认为,在用人单位责任中,用人单位与工作人员是一对核心概念,用人单位是指任用工作人员,通过对其活动进行委派、指示来实现自己特定目的的人,包括企业、个体经济组织、民办非企业单位等组织以及国家机关、事业单位和社会团体等。③

笔者认为,民法典第一千一百九十一条中的用人单位的含义很广。在理解该概念的范围时需要将其与民法典第一千一百九十二条中的"个人"即自然人对应起来。也就是说,除了自然人之外的一切组织,都是第一千一百九十一条意义上的用人单位。至于该组织有无法人资格、是营利的还是非营利的,是国有企业还是私营企业等,均在所不问。具体而言,第一千一百九十一条中的用人单位包括以下两类:其一,具有法人资格的用人单位,包括营利法人(有限责任公司、股份有限公司等)、非营利法人(事业单位法人、社会团体法人、基金会、社会服务机构、

---

① 参见黄薇主编:《中华人民共和国民法典侵权责任编解读》,中国法制出版社2020年版,第110页。
② 参见最高人民法院民法典贯彻实施工作领导小组主编:《中华人民共和国民法典侵权责任编理解与适用》,人民法院出版社2020年版,第236页。
③ 参见张新宝:《中国民法典释评·侵权责任编》,中国人民大学出版社2020年版,第98页。

捐助法人等)、特别法人(机关法人、农村集体经济组织法人、城镇农村的合作经济组织法人、基层群众性自治组织法人)。其二,不具有法人资格的用人单位,包括非法人组织(个人独资企业、合伙企业、不具有法人资格的专业服务机构)、法人的分支机构(如分公司)等其他的组织。

需要研究的是,个体工商户是否属于民法典第一千一百九十一条规定的"用人单位"?民法典是在总则编第二章"自然人"中对个体工商户作出的规定。这就表明,无论是个人经营还是家庭经营的个体工商户,既不是法人组织,也不是非法人组织,而是自然人。依据国务院颁布的《市场主体登记管理条例》第二条的规定,个体工商户属于市场主体的一种,即以营利为目的从事经营活动的自然人。既然个体工商户在法律性质上属于自然人,而不是法人或非法人组织,那么,个体工商户的员工(或雇工)与个体工商户之间不就属于"个人之间形成劳务关系"的情形吗?雇工在为个体工商户工作期间给他人造成损害的,是否就要适用民法典第一千一百九十二条第一款第一句?对此的回答是否定的。因为,依据劳动法、劳动合同法的规定,个体工商户与雇工之间的关系是"劳动关系"而非"劳务关系",他们之间要订立劳动合同。劳动法第二条第一款规定:"在中华人民共和国境内的企业、个体经济组织(以下统称用人单位)和与之形成劳动关系的劳动者,适用本法。"劳动合同法第二条第一款规定:"中华人民共和国境内的企业、个体经济组织、民办非企业单位等组织(以下称用人单位)与劳动者建立劳动关系,订立、履行、变更、解除或者终止劳动合同,适用本法。"上述两款中的"个体经济组织"是指雇工七人以下的个体工商户。① 此外,《工伤保险条例》第二条也规定:"中华人民共和国境内的企业、事业单位、社会团体、民办非企业单位、基金会、律师事务所、会计师事务所等组织和有雇工的个体工商户(以下称用人单位)应当依照本条例规定参加工伤保险,为本单位全部职工或者雇工(以下称职工)缴纳工伤保险费。中华人民共和国境

---

① 参见信春鹰主编:《中华人民共和国劳动合同法释义》,法律出版社2007年版,第6页。

内的企业、事业单位、社会团体、民办非企业单位、基金会、律师事务所、会计师事务所等组织的职工和个体工商户的雇工，均有依照本条例的规定享受工伤保险待遇的权利。"由此可见，无论是个人经营的还是家庭经营的个体工商户，只要有雇工的，个体工商户就必须为该雇工缴纳工伤保险费，一旦雇工因执行工作任务而遭受人身损害的，则依据社会保险法和《工伤保险条例》享受工伤保险待遇。这样一来，雇工因执行工作任务给他人造成损害的，也应当适用的是民法典第一千一百九十一条第一款。换言之，雇工与个体工商户的关系属于民法典第一千一百九十一条第一款中的"工作人员"与"用人单位"的关系，而非民法典第一千一百九十二条中"个人之间形成劳务关系"的情形。为明确这一点，解决司法实践中的争议，《民法典侵权责任编解释（一）》第十五条第二款规定："个体工商户的从业人员因执行工作任务造成他人损害的，适用民法典第一千一百九十一条第一款的规定认定民事责任。"

（二）工作人员的范围

用人单位责任中的工作人员，是指被纳入用人单位的组织之内、服从用人单位的指示并受其管理控制的自然人。① 就民法典第一千一百九十一条第一款所规定的"用人单位的工作人员"而言，其范围非常广泛，不仅包括与用人单位之间存在劳动关系的工作人员，还包括存在其他关系的工作人员。归纳起来，主要包括以下几类。

1. 与用人单位存在劳动关系的工作人员

此类工作人员已被纳入用人单位的组织体内，要服从用人单位的指示和命令（劳动法第三条第二款、劳动合同法第三条第二款）。所谓劳动关系，是指劳动者与用人单位在实现劳动过程中建立的社会关系。只要劳动者实际提供了劳动，用人单位实际用工，就建立了劳动关系，因此，

---

① 雇主责任中的受雇人不限于自然人，也可以包括法人、非法人组织。但是，民法典第一千一百九十一条使用的是"工作人员"，就将法人、非法人组织受雇的情形排除在外了。

明确劳动关系的唯一标准是实际提供劳动。①用人单位与实际提供劳动的劳动者是否签订书面的劳动合同，在所不问。也就是说，即便没有签订书面劳动合同，但是已经实际提供劳动，那么劳动关系就已经产生了。这些用人单位包括企业、民办非企业单位、社会团体、基金会、律师事务所、会计师事务所等组织以及有雇工的个体工商户，此外，国家机关及事业单位也常常会通过订立劳动合同来雇用一些工勤人员。

2. 与用人单位存在其他关系的工作人员

即工作人员与用人单位之间的关系不是劳动关系，而是其他法律关系。这些工作人员包括以下几种。

其一，公务员和参照公务员法管理的工作人员。所谓公务员是指依法履行公职、纳入国家行政编制、由国家财政负担工资福利的工作人员（公务员法第二条第一款）。公务员与国家机关之间的关系并非劳动关系。依据公务员法第四十条第一款的规定，公务员领导职务实行选任制、委任制和聘任制。公务员职级实行委任制和聘任制。此外，法律、法规授权的具有公共事务管理职能的事业单位中除工勤人员以外的经批准参照公务员法进行管理的工作人员与事业单位的关系也不是劳动关系。因此，公务员以及参照公务员法管理的工作人员因执行机关或单位的工作任务造成他人损害，又不属于国家赔偿法规定的"侵犯公民、法人和其他组织合法权益的情形"的，就应当适用民法典第一千一百九十一条第一款的规定，由该公务员所属的机关或者由该参照公务员法管理的工作人员所在的事业单位承担侵权责任。例如，A公安局的干警张某驾驶警车前往外地办案途中，发生交通事故撞伤行人李某。该情形显然不属于国家赔偿法第三条规定的行政机关及其工作人员在行使行政职权时侵犯人身权的情形。因此，不适用国家赔偿责任的规定。民法典颁布前，民法通则第一百二十一条有明确的规定："国家机关或者国家机关工作人员在执行职务中，侵犯公民、法人的合法权益造成损害的，应当承担民事责

---

① 参见信春鹰主编：《中华人民共和国劳动合同法释义》，法律出版社2007年版，第25页。

任。"因此，上述案例完全可以适用该条。而在民法典施行后，就应当适用民法典第一千一百九十一条第一款的规定，由A公安局承担用人单位责任。①

其二，与用人单位订立聘用合同的工作人员。依据《事业单位人事管理条例》的规定，事业单位与其工作人员订立的是聘用合同而非劳动合同。事业单位的工作人员执行工作任务造成他人损害的，同样应适用民法典第一千一百九十一条第一款。例如，A大学的教授张某为本科生上课，带着学生做实验的过程中因操作不慎发生爆炸，学生李某受伤。此时，张某的行为是开展教学活动，属于执行工作任务，由此造成损害的当然也适用用人单位责任的规定，由A大学承担侵权责任。

其三，与用人单位存在劳务关系的其他人员。由于涉及工作人员因执行工作任务而遭受人身损害需要适用社会保险法和《工伤保险条例》所规定的工伤保险制度，因此，民法典第一千一百九十一条和第一千一百九十二条分别对用人单位及其工作人员与个人之间形成劳务关系这两种情形下的侵权责任问题作出了规定。但在实践中，还常常出现用人单位与个人之间形成劳务关系的情形。例如，张某原为A公司（国有企业）的高级工程师，其达到法定退休年龄后退休。但是，考虑到张某业务能力非常强，A公司返聘张某继续担任该公司的技术顾问，并支付相应的报酬。此种情形下，张某已退休，故其与A公司的劳动合同关系终止。《最高人民法院关于审理劳动争议案件适用法律问题的解释（一）》第三十二条第一款规定："用人单位与其招用的已经依法享受养老保险待遇或者领取退休金的人员发生用工争议而提起诉讼的，人民法院应当按劳务关系处理。"因此，张某与A公司之间属于劳务关系。如果张某因执行A公司的工作任务造成他人损害，虽然其与A公司是劳务关系，却无法

---

① 曾有观点认为，国家机关、事业单位和社会团体只有在与劳动者订立、履行、变更、解除或者终止劳动合同时，才被称为用人单位。对正式在编的公务员和参照公务员法管理的工作人员来讲，因他们不受劳动合同法的调整，所以，对他们而言，其所在的国家机关、事业单位就不能被称为用人单位。参见最高人民法院侵权责任法研究小组编著：《〈中华人民共和国侵权责任法〉条文理解与适用》，人民法院出版社2010年版，第245页。

适用民法典第一千一百九十二条第一款,因为 A 公司是法人,而非个人。此时,仍然应当适用的是民法典第一千一百九十一条第一款。

为了明确用人单位责任的适用与否不应当以用人单位与工作人员之间是否存在劳动关系为必要条件,《民法典侵权责任编解释(一)》第十五条第一款规定:"与用人单位形成劳动关系的工作人员、执行用人单位工作任务的其他人员,因执行工作任务造成他人损害,被侵权人依照民法典第一千一百九十一条第一款的规定,请求用人单位承担侵权责任的,人民法院应予支持。"该款中"执行用人单位工作任务的其他人员"就是指与用人单位虽然不存在劳动关系,但也属于执行用人单位工作任务的其他工作人员,即上文所述的公务员和参照公务员法管理的工作人员、与用人单位订立聘用合同的工作人员、与用人单位存在劳务关系的工作人员。

三、劳务派遣中的侵权责任与追偿权

劳务派遣,也称人力派遣或劳动派遣,是指劳务派遣单位与接受劳务派遣的单位签订劳务派遣协议,由前者将其工作人员派往后者,令其服从后者的指挥并在该单位监督下提供劳动的情形。劳务派遣关系中存在三方主体,即劳务派遣单位、被派遣的工作人员及接受劳务派遣的单位。其中,劳务派遣单位与被派遣的工作人员之间是劳动关系,双方要订立二年以上的固定期限劳动合同,劳务派遣单位是被派遣工作人员的"用人单位"。劳务派遣单位与接受劳务派遣的单位之间存在劳务派遣关系。被派遣的工作人员为接受劳务派遣的单位提供劳动,接受劳务派遣的单位是被派遣工作人员的"用工单位"。我国民法典第一千一百九十一条第二款对于被派遣的工作人员因执行工作任务造成他人损害时劳务派遣单位与接受劳务派遣的用工单位的侵权责任作出了规定。然而,就该规定需要进一步研究的是:如何认定劳务派遣单位的过错?当有过错的劳务派遣单位依法承担相应的责任时,该责任与接受劳务派遣的用工单位的侵权责任之间是什么关系?劳务派遣单位和接受劳务派遣的用工单

位之间是否可以相互追偿?

(一) 劳务派遣单位的过错的认定

依据民法典第一千一百九十一条第二款的规定,在被派遣的工作人员因执行工作任务造成他人损害时,只有在劳务派遣单位具有过错时,才承担相应的责任。所谓劳务派遣单位"有过错",从实践来看,法院一般是从劳务派遣单位是否对被派遣的工作人员进行了岗前培训等方面加以判断的。例如,在一个案件中,法院认为,"联某公司作为彭某秀的劳务派遣单位,根据某集团的用工要求派遣彭某秀到某集团工作,对彭某秀进行了岗前培训,彭某秀也通过了培训考试,联某公司已经对彭某秀尽到安全教育及提示的义务,对本案事故的发生没有过错,联某公司在本案中不承担责任"[①]。《民法典侵权责任编解释(一)》第十六条第一款列举了劳务派遣单位的最典型的两类过错形式:不当选派工作人员、未依法履行培训义务。笔者赞同司法解释这一规定,理由在于:劳务派遣最大的优点在于可以降低成本,通过由劳务派遣单位所派遣的工作人员在临时性、辅助性或者替代性的工作岗位上工作,接受劳务派遣的用工单位可以节约人力资源管理成本、税收成本、解约成本。因此,劳务派遣单位所派遣的工作人员要符合劳务派遣的岗位要求,包括条件和能力等方面。被派遣的工作人员是否符合条件,是否具备相应的能力,相应的审查和培训的义务应当由劳务派遣单位履行。因此,如果劳务派遣单位不当选派工作人员、未依法履行培训义务等,就可以认定其具有过错。

我国相关法律法规规章对于劳务派遣单位如何选派工作人员以及履行培训义务等都有相应的规定。例如,《劳务派遣暂行规定》第八条规定,劳务派遣单位应当如实告知被派遣劳动者劳动合同法第八条规定的事项、应遵守的规章制度以及劳务派遣协议的内容,建立培训制度,对

[①] 某集团钦州港粮油运销有限公司、钦州市钦州港某物流有限公司生命权、健康权、身体权纠纷案,广西壮族自治区钦州市中级人民法院 (2020) 桂07民终1055号民事判决书。

被派遣劳动者进行上岗知识、安全教育培训。再如,《保安服务管理条例》第十七条明确规定了不得担任保安员的情形,包括:曾被收容教育、强制隔离戒毒、劳动教养或者三次以上行政拘留的;曾因故意犯罪被刑事处罚;等等。如果保安服务公司招用了不得担任保安员的人担任保安员,并将其派遣到用工单位,在执行工作任务时该保安员见财起意实施盗窃造成他人损害,作为劳务派遣单位的保安服务公司就构成"不当选派工作人员",具有过错,应当承担相应的责任。

(二)有过错的劳务派遣单位承担的相应的责任

在劳务派遣期间,对于被派遣的工作人员进行指示、管理和监督的单位即具有控制力的单位,不是作为用人单位的劳务派遣单位,而是作为用工单位的接受劳务派遣的单位。并且,被派遣的工作人员也是为了用工单位的利益而执行工作任务,故此,民法典第一千一百九十一条第二款规定,被派遣的工作人员因执行工作任务造成他人损害的,由接受劳务派遣的用工单位承担侵权责任;劳务派遣单位有过错的,承担相应的责任。从民法典这一规定可知,接受劳务派遣的用工单位对被侵权人承担的是全部的侵权责任(被侵权人依法有权获得的全部的损害赔偿责任),而劳务派遣单位只是在有过错时才承担相应的责任(与其过错和原因力相应的赔偿责任)。劳务派遣单位承担的"相应的责任"是直接向被侵权人承担的侵权责任,而非向接受劳务派遣的用工单位承担的违约责任。

显然,民法典第一千一百九十一条第二款的规定与此前的侵权责任法有很大的不同。侵权责任法第三十四条第二款规定的是"劳务派遣单位有过错的,承担相应的补充责任"。所谓"相应的补充责任"就意味着应由接受劳务派遣的用工单位承担全部的赔偿责任。如果接受劳务派遣的用工单位已经承担了全部的赔偿责任,则劳务派遣单位无须再向被侵权人承担赔偿责任。而且,即便接受劳务派遣的用工单位无法承担全部的赔偿责任,也不意味着劳务派遣单位要兜底,而是根据过错承担相应的补偿责任。这种规定显然对于劳务派遣单位十分优待。在编纂民法典时，有一种观点认为，关于劳务派遣单位的责任类型大致有两种：一种是接受劳务派遣的用工单位是第一顺位的责任人，劳务派遣单位是第二顺位的责任人。在接受劳务派遣的用工单位承担了全部赔偿责任的情况下，劳务派遣单位对被侵权人就不再承担赔偿责任；在接受劳务派遣的用工单位财力不足、无法全部赔偿的情况下，剩余的部分由劳务派遣单位来承担。另一种是劳务派遣单位存在过错的，劳务派遣单位应当按照其过错程度直接承担侵权责任。侵权责任法第三十四条第二款无法涵盖第二种情形，立法机关接受了这个意见。故此，民法典第一千一百九十一条第二款第二句将"相应的补充责任"修改为"相应的责任"。① 这样一来，就意味着被侵权人可以仅起诉接受劳务派遣的用工单位，由其承担全部的侵权责任；也可以将接受劳务派遣的用工单位与劳务派遣单位作为共同被告，要求接受劳务派遣的用工单位承担全部的侵权责任，要求具有过错的劳务派遣单位承担部分的侵权责任。

《民法典侵权责任编解释（一）》第十六条第一款规定："劳务派遣期间，被派遣的工作人员因执行工作任务造成他人损害，被侵权人合并请求劳务派遣单位与接受劳务派遣的用工单位承担侵权责任的，依照民法典第一千一百九十一条第二款的规定，接受劳务派遣的用工单位承担侵权人应承担的全部责任；劳务派遣单位在不当选派工作人员、未依法履行培训义务等过错范围内，与接受劳务派遣的用工单位共同承担责任，但责任主体实际支付的赔偿费用总和不应超出被侵权人应受偿的损失数额。"

第一，被侵权人可以仅起诉接受劳务派遣的用工单位承担侵权人应当承担的全部责任，也可以将接受劳务派遣的用工单位与劳务派遣单位作为共同被告起诉，但后一种情形下被侵权人必须证明劳务派遣单位存在过错。问题是，在被侵权人将劳务派遣单位和接受劳务派遣的用工单

---

① 参见黄薇主编：《中华人民共和国民法典侵权责任编解读》，中国法制出版社2020年版，第112页。

位列为共同被告提起诉讼的情形下,两个被告之间究竟是承担按份责任、连带责任抑或其他形态的责任?对此,理论界有不同的看法。一些学者认为,民法典第一千一百九十一条第二款规定的劳务派遣单位的"相应的责任"属于按份责任,即劳务派遣单位根据其过错大小,承担与过错相应的按份责任。换言之,劳务派遣单位有过错时需要承担责任,如果没有过错,则应由接受劳务派遣的用工单位承担全部的侵权责任。[1]《民法典侵权责任编解释(一)》第十六条第一款否定了按份责任的观点。从该款规定可知,劳务派遣单位与接受劳务派遣的用工单位都要向被侵权人承担侵权责任,但是它们各自的赔偿范围并不相同,也就是说,并非都需要向被侵权人承担全部的赔偿责任,而只是在一定的范围内向被侵权人共同承担责任,这个范围就是劳务派遣单位的"过错范围",因为劳务派遣单位有过错的,才需要承担相应的责任,相应的责任即与过错相适应的责任。根据司法解释起草者的解读,所谓共同承担责任,"通俗地讲就是,一个责任主体在过错比例范围内承担的责任,与另一个承担全部责任的主体所承担的责任部分重合,执行中根据各个责任主体的责任范围和责任财产情况,协调处理执行数额"[2]。笔者倾向于认为,在过错范围内劳务派遣单位与接受劳务派遣的用工单位之间实际上是一种客观上的连带关系,也就是说,这种赔偿责任是基于两个侵权人因为同一侵权行为而向同一被侵权人承担范围相同的赔偿责任而在客观上形成的,其既不是当事人约定的连带责任,也不是由某一个法律条文直接规定的连带责任。因此,并不违反民法典第一百七十八条第三款关于"连带责任,由法律规定或者当事人约定"的规定。

第二,从《民法典侵权责任编解释(一)》第十六条第一款的规定可知,司法解释明确否定了按份责任说。因为采取按份责任说既不利于

---

[1] 参见徐涤宇、张家勇主编:《〈中华人民共和国民法典〉评注(精要版)》,中国人民大学出版社2022年版,第1249页;杨代雄主编:《袖珍民法典评注》,中国民主法治出版社2022年版,第1050页。

[2]《最高法民一庭负责人就民法典侵权责任编司法解释(一)答记者问》,载《人民法院报》2024年9月27日。

保护被侵权人，也违背立法目的。一方面，劳务派遣单位之所以需要承担相应的责任的是因为其存在不当选派工作人员、未依法履行培训义务等过错，其是在为自己的过错行为而承担责任。之所以要求劳务派遣单位向被侵权人承担相应的责任，目的就在于通过责令其向被侵权人直接承担责任而形成激励机制，促使其履行相应的义务。另一方面，要求有过错的劳务派遣单位承担相应的责任，并且使其承担的赔偿责任与应当就全部损害承担责任的侵权人即接受劳务派遣的用工单位的赔偿责任构成部分的连带责任的关系，可以更好地保护被侵权人，而不是使被侵权人处于承担侵权责任的人越多反而赔偿保障程度越低的境地。换言之，如果将有过错的劳务派遣单位的相应的责任理解为按份责任，就会导致被侵权人面临的风险（支付不能与诉讼风险等）增加。与合同责任中债权人可以选择自己的债务人不同的是，被侵权人无法选择对其负有损害赔偿义务的侵权人。① 通过承担共同责任可以将支付不能的风险转移给侵权人而非被侵权人。这既符合立法者的目标——不应当赋予侵权人以特权而应激励其停止实施侵权行为，也符合比例原则的要求。② 从比较法上来看也是如此规定的。例如，德国民法典第840条第1款专门排除了第420条规定的可分之债的推定规则而规定："数人对因侵权行为发生的损害共同负责任的，其作为连带债务人负责人。"申言之，如果数人因其侵权行为而都需要对同一损害负赔偿责任，那么不论他们是都需要就该同一损害的全部负赔偿责任，还是有的侵权人就同一损害的全部负责而有的只需要就同一损害中的部分负责，他们之间都构成连带责任，作为连带债务人向受害人负担损害赔偿之债。无非，在每个侵权人的责任范围相同的情况下，他们就全部的损害承担连带债务，责任范围对于每个债务人都是相同的。而当各个侵权人对某项损害的赔偿范围不同时，他们只在责任范围的重合部分才负有连带债务，对于超出范围的部分，相关

---

① Münch Komm BGB/Wagner, Beck, 2004, § 840 Rn. 1.
② Staudinger/Vieweg/Lorz, Ottoschmidt, 2023, BGB § 840, Rn. 1.

的侵权人负有进一步予以赔偿的个人责任。①

（三）劳务派遣单位与接受劳务派遣的用工单位之间的追偿

接受劳务派遣的用工单位在向被侵权人承担了侵权责任后，能否向存在过错的劳务派遣单位进行追偿？反之，劳务派遣单位赔偿后能否向接受劳务派遣的用工单位进行追偿？对于这些问题，曾有不同的观点。一种观点认为，如果劳务派遣单位存在过错，例如，将不符合要求的工作人员派遣到接受劳务派遣的用工单位，那么，接受劳务派遣的用工单位在赔偿后可以依据劳务派遣协议向劳务派遣单位追偿。②另一种观点认为，接受劳务派遣的单位或者劳务派遣单位承担侵权责任后，相互之间不能进行追偿，除非接受劳务派遣的用工单位与劳务派遣单位在劳务派遣协议中有约定或者双方以其他方式就追偿权达成了合意。《民法典侵权责任编解释（一）》第十六条第二款规定："劳务派遣单位先行支付赔偿费用后，就超过自己相应责任的部分向接受劳务派遣的用工单位追偿的，人民法院应予支持，但双方另有约定的除外。"

如果劳务派遣单位与接受劳务派遣的单位在劳务派遣协议中作出了追偿的约定，那么按照该约定相互进行追偿，当然是没有问题。问题是，如果没有约定，是否就一概不能追偿呢？从《民法典侵权责任编解释（一）》第十六条第二款的规定来看，只有当劳务派遣单位先行支付的赔偿费用超过了自己相应责任的部分后，才可以向接受劳务派遣的用工单位追偿，如果只是承担自己相应责任的部分，就不能追偿。笔者认为，应当认可承担了侵权责任的接受劳务派遣的用工单位对有过错的劳务派遣单位的追偿权。接受劳务派遣的用工单位在承担全部的侵权责任后，如果接受劳务派遣的用工单位可以证明劳务派遣单位存在过错，那么，其既可以依据劳务派遣协议追究劳务派遣单位的违约责任，也可以向有

---

① Staudinger/Vieweg/Lorz, Ottoschmidt, 2023, BGB § 840, Rn. 21.
② 参见程啸：《侵权责任法》，法律出版社 2021 年版，第 458 页；邹海林、朱广新主编：《民法典评注：侵权责任编》，中国法制出版社 2020 年版，第 307 页。

过错的劳务派遣单位追偿。这是因为，如果不是劳务派遣单位的过错，可能被派遣的工作人员就不会对他人实施侵权行为，也就不会导致接受劳务派遣的用工单位承担侵权责任。劳务派遣单位的此种侵权责任是基于民法典第一千一百六十五条第一款规定的过错责任原则产生的，具体而言，正是因为劳务派遣单位的过错（如没有核查被派遣的工作人员的身份）导致该工作人员因执行工作任务造成他人损害，以至于接受劳务派遣的用工单位承担了侵权赔偿责任而遭受了财产损失，故此，依据民法典第一千一百六十五条第一款以及第一千一百八十四条的规定，劳务派遣单位因其过错给接受劳务派遣的用工单位造成了纯粹经济损失，需要承担相应的赔偿责任。当然，这种追偿只是部分的追偿，并非全部的。而劳务派遣单位只是在有过错的情况下才需要承担相应的责任，故此，劳务派遣单位承担相应的责任，是为其自己的过错行为而负责，不能向接受劳务派遣的单位进行追偿。

四、工作人员的刑事责任与用人单位责任的关系

用人单位的工作人员因执行工作任务造成他人损害的，由用人单位承担侵权责任，对此民法典第一千一百九十一条第一款有明确的规定。实践中，用人单位的工作人员所实施的侵害他人民事权益造成损害的行为，不仅属于侵权行为，也可能构成自然人犯罪。此时，用人单位能否不承担侵权责任呢？对此，存在不同的看法。

（一）理论上的争议

用人单位工作人员的行为构成犯罪而涉及用人单位可能需要为此承担侵权责任的典型情形是，用人单位的工作人员在执行工作任务中实施了故意侵害他人民事权益的侵权行为，这些侵权行为超出了用人单位的指示或授权范围，甚至是明确违反用人单位的指示的。此时，工作人员的行为不仅构成侵权，还往往构成自然人犯罪，而用人单位经常以工作人员的行为构成犯罪，应当罪责自负为由否定其侵权责任。例如，银行

等金融机构的客户经理或者其他工作人员利用职务便利，实施诈骗行为给客户造成财产损失，工作人员被依法认定构成诈骗罪的，此时，作为被侵权人的客户能否要求银行等金融机构作为用人单位承担侵权责任。实践中，银行等金融机构往往采用以下理由加以辩解：首先，法院在刑事判决中已经责令实施诈骗行为的犯罪分子个人进行退赔，因此，作为受害人的客户的财产损失应当通过刑事退赃、退赔等程序解决，不能提起民事诉讼。其次，客户的财产损失系犯罪分子个人的故意犯罪行为所致，犯罪分子只是利用了在银行等金融机构工作的机会而已，并且发生这种犯罪行为的概率是很低的，银行等金融机构事先无法采取措施防范发生概率如此小的故意犯罪行为，在经济上不现实，在实践中也无法做到。最后，犯罪分子的诈骗、挪用等犯罪行为并未取得作为用人单位的金融机构的指示或授权，也明显违反了法律法规的规定和金融机构的工作纪律等，因此，该等行为不是执行工作任务的行为，因此给被侵权人造成的损失应当由犯罪分子自行承担，用人单位不承担侵权责任。①

也有观点认为，工作人员的行为构成自然人犯罪的，就说明该行为是工作人员的个人行为，不属于执行工作任务，与用人单位无关，用人单位无须承担侵权责任。此时，应当由该工作人员承担刑事责任和侵权责任。还有观点认为，被侵权人的损害完全可以通过刑事上的追赃和退赔制度解决，无须由用人单位承担侵权责任，因此，不需要考虑用人单位是否需要为工作人员的犯罪行为承担用人者责任的问题。

（二）工作人员构成自然人犯罪不影响用人单位责任的成立

应当说，上述认识都混淆了民事责任与刑事责任，既不利于保护被

---

① 相关案例参见中国农业银行股份有限公司某县支行与谢某超金融委托理财合同纠纷案，云南省丽江市中级人民法院（2022）云07民终32号民事判决书；中国建设银行股份有限公司某分行与蔡某旺等民间借贷纠纷案，黑龙江省七台河市中级人民法院（2022）黑09民终168号民事判决书；袁某兰与平安银行股份有限公司某镇支行侵权责任纠纷案，广东省广州市中级人民法院（2020）粤01民终6767号民事判决书；中国农业银行股份有限公司某支行与某供销有限责任公司侵权责任纠纷案，湖南省高级人民法院（2018）湘民终875号民事判决书。

侵权人的合法权益，更违背民法典等法律的规定。为明确该问题，《民法典侵权责任编解释（一）》第十七条明确规定："工作人员在执行工作任务中实施的违法行为造成他人损害，构成自然人犯罪的，工作人员承担刑事责任不影响用人单位依法承担民事责任。依照民法典第一千一百九十一条规定用人单位应当承担侵权责任的，在刑事案件中已完成的追缴、退赔可以在民事判决书中明确并扣减，也可以在执行程序中予以扣减。"这就是说，工作人员因执行工作任务造成他人损害的行为即便构成自然人犯罪，也不影响依据民法典第一千一百九十一条的规定认定用人单位的侵权责任。笔者完全赞同司法解释上述规定。

第一，被侵权人当然可以在刑事退赔、追赃程序之后，就没有得到填补的损害提起民事诉讼，但是，也有权利在刑事追赃、退赔程序进行的同时提起民事诉讼。我国民事诉讼法并没有将刑事诉讼程序作为民事诉讼程序的前置程序，不仅如此，民法典第一百八十七条还明确规定："民事主体因同一行为应当承担民事责任、行政责任和刑事责任的，承担行政责任或者刑事责任不影响承担民事责任；民事主体的财产不足以支付的，优先用于承担民事责任。"故此，被侵权人完全可以构成犯罪的工作人员的行为属于执行用人单位的工作任务为由，依据民法典第一千一百九十一条第一款的规定要求用人单位承担侵权责任。

第二，工作人员的行为是否构成自然人犯罪如诈骗罪等，属于刑法的评价，而用人单位是否要承担侵权责任属于民法的评价，不能将二者混淆。不能简单地认为，工作人员构成自然人犯罪，用人单位就当然不需要依据民法典第一千一百九十一条第一款的规定承担侵权责任。用人单位是否需要承担侵权责任，必须依据民法典等民事法律规定的用人单位责任的构成要件并结合案件的具体情况，逐一判断。其中，最主要的就是判断工作人员的行为是否属于执行工作任务的行为。故此，《民法典侵权责任编解释（一）》第十七条第一句明确规定："工作人员在执行工作任务中实施的违法行为造成他人损害，构成自然人犯罪的，工作人员承担刑事责任不影响用人单位依法承担民事责任。"也就是说，自然人犯罪的刑事案件的审理与用人单位是否要依法承担民事责任（包括用人单位责任以及过错责任等侵权责任）的民事案件的审理，可以并存，互不冲突。

第三，如果法院经过审理认定了用人单位要依据民法典第一千一百九十一条第一款承担侵权责任，则应当注意侵权责任与刑事程序中的追赃、退赔的协调。刑事诉讼法第二百四十五条第三款和第四款规定："人民法院作出的判决，应当对查封、扣押、冻结的财物及其孳息作出处理。人民法院作出的判决生效以后，有关机关应当根据判决对查封、扣押、冻结的财物及其孳息进行处理。对查封、扣押、冻结的赃款赃物及其孳息，除依法返还被害人的以外，一律上缴国库。"《最高人民法院关于适用〈中华人民共和国刑事诉讼法〉的解释》第一百七十六条规定："被告人非法占有、处置被害人财产的，应当依法予以追缴或者责令退赔。被害人提起附带民事诉讼的，人民法院不予受理。追缴、退赔的情况，可以作为量刑情节考虑。"第四百四十五条第一款和第二款也规定："查封、扣押、冻结的财物及其孳息，经审查，确属违法所得或者依法应当追缴的其他涉案财物的，应当判决返还被害人，或者没收上缴国库，但法律另有规定的除外。对判决时尚未追缴到案或者尚未足额退赔的违法所得，应当判决继续追缴或者责令退赔。"《最高人民法院关于刑事裁判涉财产部分执行的若干规定》也对退赔和追缴的具体程序有明确的规定。有鉴于此，《民法典侵权责任编解释（一）》第十七条第二句规定："依照民法典第一千一百九十一条规定用人单位应当承担侵权责任的，在刑事案件中已完成的追缴、退赔可以在民事判决书中明确并扣减，也可以在执行程序中予以扣减。"

第四，即便工作人员的犯罪行为不属于执行工作任务，用人单位无须依据民法典第一千一百九十一条第一款承担用人者责任，也并不意味着用人单位就可以不承担任何侵权责任。如果用人单位存在过错且过错行为与损害的发生具有因果关系的，那么，依据民法典第一千一百六十五条第一款，用人单位仍然要承担侵权责任。①

五、定作人相应的责任与追偿

所谓定作人责任，也称"定作人指示过失责任"或"承揽人责任"，是指当承揽人因从事承揽工作而加害于他人或自身遭受损害时，应由承揽人承担侵权责任或自担损害，定作人原则上不负侵权责任，但是定作人存在定作、指示或者选任上过错的，应就承揽人加于他人之损害或承揽人自身所受之损害承担相应的赔偿责任。民法典之所以对定作人责任作出规定，就是"考虑到在大多数情况下，承揽人主要依靠自己的技术和专业技能独立完成承揽工作，不受定作人的支配，承揽人对于第三人造成损害或者造成自身损害的，不应要求定作人承担侵权责任。但是，定作人对定作、指示或者选任存在过错的，需要承担相应的过错责任"②。

依据民法典第一千一百九十三条，承揽人在完成工作过程中给第三人造成损害的，定作人原则上是不需要对此承担侵权责任的，除非定作人存在定作、指示或者选任上的过错。但是，承揽人是否需要承担侵权责任呢？如果需要承担，适用的是何种归责原则呢？此外，当被侵权人将定作人和承揽人作为共同被告提起诉讼时，应当如何确定定作人和承揽人的责任？定作人与承揽人之间是否可以进行追偿？对于这些问题，《民法典侵权责任编解释（一）》第十八条作出了规定。

（一）定作人承担的相应的责任

1. 在定作人责任中，原则上定作人不对承揽人完成工作过程中给第三人造成的损害或者自身遭受的损害承担赔偿责任

无论是承揽人因完成承揽工作造成他人的损害抑或其自身损害，原则上定作人都不承担任何赔偿责任。既然定作人不承担责任，而第三人

---

① 《最高法民一庭负责人就民法典侵权责任编司法解释（一）答记者问》，载《人民法院报》2024年9月27日。

② 黄薇主编：《中华人民共和国民法典侵权责任编解读》，中国法制出版社2020年版，第118页。

的损害又是承揽人在完成工作过程中造成的,自然是要由承揽人来承担责任。问题是,承揽人是依据民法典的哪一条规定来承担责任呢?对此,有的学者认为,需要根据案件情形分别适用不同的规定:第一,如果承揽人是法人、非法人组织或者有雇工的个体工商户,那么其工作人员因执行工作任务造成第三人损害,应当适用的是民法典第一千一百九十一条第一款关于用人单位责任的规定,即由承揽人承担侵权责任;第二,如果承揽人是个人,其雇员在完成承揽工作过程中造成第三人损害,则应当适用的是民法典第一千一百九十二条第一款关于个人劳务关系使用人责任的规定;第三,如果承揽人为个人,其自己在完成承揽工作过程中造成他人损害,应当适用民法典第一千一百六十五条关于一般侵权的规定。① 还有一种观点认为,如果不构成定作人责任,则属于承揽人责任,而承揽人责任应当适用一般侵权行为的规定,即适用过错责任。②《民法典侵权责任编解释(一)》第十八条第一款采取了这一观点,该款规定:"承揽人在完成工作过程中造成第三人损害的,人民法院依照民法典第一千一百六十五条的规定认定承揽人的民事责任。"

笔者认为,无论定作人是否具有定作、指示或选任上的过错,是否构成定作人责任,对于承揽人是否要就完成工作过程中造成第三人的损害承担侵权责任,都应当依据该侵权行为的具体类型加以确定,即如果是法律规定适用无过错责任或者过错推定责任的侵权行为,则应适用相应的法律规定。如果不是法律规定应当适用无过错责任或过错推定责任的侵权行为,当然应当适用民法典第一千一百六十五条第一款规定的过错责任。至于承揽人本身也是用人单位或接受劳务的一方,那么就工作人员造成损害的行为是否构成侵权,也需要依据相应的归责原则加以判断,然后再由用人单位或接受劳务一方依法承担替代责任。简单地认为承揽人完成工作过程中造成他人损害的行为都适用过错责任显然是不妥

---

① 参见梁慧星:《侵权责任法讲义》,法律出版社 2023 年版,第 127~128 页。
② 参见王泽鉴:《侵权行为法》(增订新版),我国台湾地区台北作者印行 2015 年版,第 607 页。

当的。例如，A公司委托B公司对厂房内的烟囱进行爆破作业，B公司的员工张某在实施爆破过程中因操作不当导致炸药提前爆炸，将到A公司办事的李某炸伤。这种情形下，张某实施的侵权行为属于民法典第一千二百三十九条规定的使用易爆的高度危险物造成他人损害的行为，适用无过错责任。

2. 定作人仅在具有定作、指示或选任上的过错时，才需要对承揽人完成工作过程中给第三人造成的损害或者自身遭受的损害承担相应的责任

当承揽人在完成工作过程中造成第三人损害时，如果承揽人需要承担侵权责任，同时定作人又具有定作、指示或者选任上的过错，需要承担相应的赔偿责任。倘若被侵权人将承揽人和定作人作为共同被告提起诉讼的，那么，定作人与承揽人应当如何承担责任呢？尤其是应怎样理解定作人的"相应的责任"？对此，学界有不同的观点。一种观点认为，在定作人具有定作、指示或选任上的过错，而承揽人在执行承揽事项时也有过错的情况下，构成共同侵权行为，适用民法典第一千一百六十八条，应当由定作人与承揽人承担连带赔偿责任，内部关系上则依据各自的过错程度和原因力大小确定责任份额。① 所谓相应的责任应当理解为，定作人承担补充责任，即承揽人不能承担的责任部分，均由定作人承担。② 另一种观点认为，我国民法典并未如其他国家那样规定，定作人有过错的应当对第三人承担责任，而是规定应当承担"相应的责任"。由于此处的"相应"应是与其过错和原因力相应，所以定作人因承揽人完成工作造成第三人损害与承揽人共同承担的责任原则上应为按份责任而非连带责任，除非定作人与承揽人的行为构成共同加害行为。③

《民法典侵权责任编解释（一）》没有采取上述连带责任说与按份责任说，而是采取了部分连带责任说，该解释第十八条第二款规定："被

---

① 邹海林、朱广新主编：《民法典评注·侵权责任编》，中国法制出版社2020年版，第320页。
② 梁慧星：《侵权责任法讲义》，法律出版社2023年版，第131页。
③ 郭明瑞：《侵权责任法通义》，商务印书馆2022年版，第178~179页。

侵权人合并请求定作人和承揽人承担侵权责任的，依照民法典第一千一百六十五条、第一千一百九十三条的规定，造成损害的承揽人承担侵权人应承担的全部责任；定作人在定作、指示或者选任过错范围内与承揽人共同承担责任，但责任主体实际支付的赔偿费用总和不应超出被侵权人应受偿的损失数额。"这一规定与该司法解释关于监护人与受托人，教唆人、帮助人与监护人，劳务派遣单位与接受劳务派遣的用工单位所承担的部分连带责任是相同的。笔者赞同这一观点。首先，将定作人与承揽人界定为共同侵权，进而承担连带责任的观点，完全不符合民法典第一千一百九十三条的文义，因为按照民法典第一百七十八条第三款，连带责任要由法律规定或当事人约定，显然第一千一百九十三条使用的"相应的责任"不等于"连带责任"。其次，从第一千一百六十八条共同侵权的规定来看，将定作人和承揽人解释成共同故意显然不符合实际情况，如果以定作人具有过失，承揽人也有过失，因此他们具有共同过失为由认定二者负连带责任，是很不公平的，因为这样会导致仅具有较小过错和原因力的定作人实际承担全部的赔偿责任。最后，按份责任说既不利于保护被侵权人，也违背立法目的。一方面，定作人之所以需要承担相应的责任是因为其对损害的发生具有过错，其是在为自己的过错行为而承担责任。立法者要求这些侵权人承担相应的责任的目的就在于：通过责令其向被侵权人直接承担相应的责任，形成一种激励机制，促使其履行相应的义务或职责。另一方面，通过要求有过错的定作人承担相应的责任，且使其承担的赔偿责任与应当就全部损害承担责任的承揽人的赔偿责任构成部分的连带责任的关系，能够更充分地保护被侵权人，而不是使被侵权人处于承担侵权责任的人越多反而赔偿保障程度越低的境地。

（二）定作人与承揽人之间的追偿

承揽人与定作人之间的合同关系不限于加工承揽合同，还可能是其他合同，如建设工程合同、运输合同（客运、货运）、出版合同、广告合同、委托合同、行纪合同、中介合同（居间合同）等。当事人在这些合同中可能对追偿的问题作出约定，也可能没有约定。如果有约定，当然可以按照约定追偿。如果没有约定，那么能否追偿呢？对此，《民法典侵权责任编解释（一）》第十八条第三款规定："定作人先行支付赔偿费用后，就超过自己相应责任的部分向承揽人追偿的，人民法院应予支持，但双方另有约定的除外。"从这一规定来看，其一，如果定作人承担的侵权责任没有超出自己相应责任的部分，则不能向承揽人追偿。其二，承揽人承担侵权人应承担的全部责任后，无权向定作人追偿。该规定实际上就是否定了承揽人或者定作人承担侵权责任后相互之间的追偿，除非承揽人与定作人另有约定。笔者认为，由于承揽人与定作人向被侵权人承担侵权责任都是为自己过错的责任，并不存在替代责任或者其中某一方是无过错责任（如监护人责任）的情形。因此，不应当允许他们相互追偿。而且，如果允许追偿也会产生新的纠纷，徒增司法机关的负担。当然，如果当事人在合同中对追偿的问题作出约定，当然可以按照约定处理。

【食品药品惩罚性赔偿司法解释专题】

最高人民法院关于审理食品药品惩罚性赔偿纠纷案件适用法律若干问题的解释

法释〔2024〕9号

（2024年3月18日最高人民法院审判委员会第1918次会议通过
2024年8月21日最高人民法院公告公布
自2024年8月22日起施行）

为正确审理食品药品惩罚性赔偿纠纷案件，依法保护食品药品安全和消费者合法权益，根据《中华人民共和国民法典》、《中华人民共和国消费者权益保护法》、《中华人民共和国食品安全法》、《中华人民共和国药品管理法》等法律规定，结合审判实践，制定本解释。

第一条 购买者因个人或者家庭生活消费需要购买的食品不符合食品安全标准，购买后依照食品安全法第一百四十八条第二款规定请求生产者或者经营者支付惩罚性赔偿金的，人民法院依法予以支持。

没有证据证明购买者明知所购买食品不符合食品安全标准仍然购买的，人民法院应当根据购买者请求以其实际支付价款为基数计算价款十倍的惩罚性赔偿金。

第二条 购买者明知所购买食品不符合食品安全标准或者所购买药品是假药、劣药，购买后请求经营者返还价款的，人民法院应予支持。

经营者请求购买者返还食品、药品,如果食品标签、标志或者说明书不符合食品安全标准,食品生产者在采取补救措施且能保证食品安全的情况下可以继续销售的,人民法院应予支持;应当对食品、药品采取无害化处理、销毁等措施的,依照食品安全法、药品管理法的相关规定处理。

第三条 受托人明知购买者委托购买的是不符合食品安全标准的食品或者假药、劣药仍然代购,购买者依照食品安全法第一百四十八条第二款或者药品管理法第一百四十四条第三款规定请求受托人承担惩罚性赔偿责任的,人民法院应予支持,但受托人不以代购为业的除外。

以代购为业的受托人明知是不符合食品安全标准的食品或者假药、劣药仍然代购,向购买者承担惩罚性赔偿责任后向生产者追偿的,人民法院不予支持。受托人不知道是不符合食品安全标准的食品或者假药、劣药而代购,向购买者承担赔偿责任后向生产者追偿的,人民法院依法予以支持。

第四条 食品生产加工小作坊和食品摊贩等生产经营的食品不符合食品安全标准,购买者请求生产者或者经营者依照食品安全法第一百四十八条第二款规定承担惩罚性赔偿责任的,人民法院应予支持。

食品生产加工小作坊和食品摊贩等生产经营的食品不符合省、自治区、直辖市制定的具体管理办法等规定,但符合食品安全标准,购买者请求生产者或者经营者依照食品安全法第一百四十八条第二款规定承担惩罚性赔偿责任的,人民法院不予支持。

第五条 食品不符合食品中危害人体健康物质的限量规定,食品添加剂的品种、使用范围、用量要求,特定人群的主辅食品的营养成分要求,与卫生、营养等食品安全要求有关的标签、标志、说明书要求以及与食品安全有关的质量要求等方面的食品安全标准,购买者依照食品安全法第一百四十八条第二款规定请求生产者或者经营者承担惩罚性赔偿责任的,人民法院应予支持。

第六条 购买者以食品的标签、说明书不符合食品安全标准为由请求生产者或者经营者支付惩罚性赔偿金，生产者或者经营者以食品的标签、说明书瑕疵不影响食品安全且不会对消费者造成误导为由进行抗辩，存在下列情形之一的，人民法院对生产者或者经营者的抗辩不予支持：

（一）未标明食品安全标准要求必须标明的事项，但属于本解释第八条规定情形的除外；

（二）故意错标食品安全标准要求必须标明的事项；

（三）未正确标明食品安全标准要求必须标明的事项，足以导致消费者对食品安全产生误解。

第七条 购买者以食品的标签、说明书不符合食品安全标准为由请求生产者或者经营者支付惩罚性赔偿金，生产者或者经营者以食品的标签、说明书虽不符合食品安全标准但不影响食品安全为由进行抗辩的，人民法院对其抗辩不予支持，但食品的标签、说明书瑕疵同时符合下列情形的除外：

（一）根据食品安全法第一百五十条关于食品安全的规定，足以认定标签、说明书瑕疵不影响食品安全；

（二）根据购买者在购买食品时是否明知瑕疵存在、瑕疵是否会导致普通消费者对食品安全产生误解等事实，足以认定标签、说明书瑕疵不会对消费者造成误导。

第八条 购买者以食品的标签、说明书不符合食品安全标准为由请求生产者或者经营者支付惩罚性赔偿金，食品的标签、说明书虽存在瑕疵但属于下列情形之一的，人民法院不予支持：

（一）文字、符号、数字的字号、字体、字高不规范，或者外文字号、字高大于中文；

（二）出现错别字、多字、漏字、繁体字或者外文翻译不准确，但不会导致消费者对食品安全产生误解；

（三）净含量、规格的标示方式和格式不规范，食品、食品添加剂以及配料使用的俗称或者简称等不规范，营养成分表、配料表顺序、数值、单位标示不规范，或者营养成分表数值修约间隔、"0"界限值、标示单

位不规范,但不会导致消费者对食品安全产生误解;

(四)对没有特殊贮存条件要求的食品,未按照规定标示贮存条件;

(五)食品的标签、说明书存在其他瑕疵,但不影响食品安全且不会对消费者造成误导。

第九条 经营明知是不符合食品安全标准的食品或者明知是假药、劣药仍然销售、使用的行为构成欺诈,购买者选择依照食品安全法第一百四十八条第二款、药品管理法第一百四十四条第三款或者消费者权益保护法第五十五条第一款规定起诉请求经营者承担惩罚性赔偿责任的,人民法院应予支持。

购买者依照食品安全法第一百四十八条第二款或者药品管理法第一百四十四条第三款规定起诉请求经营者承担惩罚性赔偿责任,人民法院经审理认为购买者请求不成立但经营者行为构成欺诈,购买者变更为依照消费者权益保护法第五十五条第一款规定请求经营者承担惩罚性赔偿责任的,人民法院应当准许。

第十条 购买者因个人或者家庭生活消费需要购买的药品是假药、劣药,依照药品管理法第一百四十四条第三款规定请求生产者或者经营者支付惩罚性赔偿金的,人民法院依法予以支持。

第十一条 购买者依照药品管理法第一百四十四条第三款规定请求生产者或者经营者支付惩罚性赔偿金,生产者或者经营者抗辩不应适用药品管理法第一百四十四条第三款规定,存在下列情形之一的,人民法院对其抗辩应予支持:

(一)不以营利为目的实施带有自救、互助性质的生产、销售少量药品行为,且未造成他人伤害后果;

(二)根据民间传统配方制售药品,数量不大,且未造成他人伤害后果;

(三)不以营利为目的实施带有自救、互助性质的进口少量境外合法上市药品行为。

对于是否属于民间传统配方难以确定的,可以根据地市级以上药品监督管理部门或者有关部门出具的意见，结合其他证据作出认定。

行政机关作出的处罚决定或者行政机关、药品检验机构提供的检验结论、认定意见等证据足以证明生产、销售或者使用的药品属于假药、劣药的，不适用本条第一款规定。

第十二条 购买者明知所购买食品不符合食品安全标准，依照食品安全法第一百四十八条第二款规定请求生产者或者经营者支付价款十倍的惩罚性赔偿金的，人民法院应当在合理生活消费需要范围内依法支持购买者诉讼请求。

人民法院可以综合保质期、普通消费者通常消费习惯等因素认定购买者合理生活消费需要的食品数量。

生产者或者经营者主张购买者明知所购买食品不符合食品安全标准仍然购买索赔的，应当提供证据证明其主张。

第十三条 购买者明知食品不符合食品安全标准，在短时间内多次购买，并依照食品安全法第一百四十八条第二款规定起诉请求同一生产者或者经营者按每次购买金额分别计算惩罚性赔偿金的，人民法院应当根据购买者多次购买相同食品的总数，在合理生活消费需要范围内依法支持其诉讼请求。

第十四条 购买者明知所购买食品不符合食品安全标准，在短时间内多次购买，并多次依照食品安全法第一百四十八条第二款规定就同一不符合食品安全标准的食品起诉请求同一生产者或者经营者支付惩罚性赔偿金的，人民法院应当在合理生活消费需要范围内依法支持其诉讼请求。

人民法院可以综合保质期、普通消费者通常消费习惯、购买者的购买频次等因素认定购买者每次起诉的食品数量是否超出合理生活消费需要。

第十五条 人民法院在审理食品药品纠纷案件过程中，发现购买者恶意制造生产者或者经营者违法生产经营食品、药品的假象，以投诉、起诉等方式相要挟，向生产者或者经营者索取赔偿金，涉嫌敲诈勒索的，应当及时将有关违法犯罪线索、材料移送公安机关。

第十六条 购买者恶意制造生产者或者经营者违法生产经营食品、药品的假象，起诉请求生产者或者经营者承担赔偿责任的，人民法院应当驳回购买者诉讼请求；构成虚假诉讼的，人民法院应当依照民事诉讼法相关规定，根据情节轻重对其予以罚款、拘留。

购买者行为侵害生产者或者经营者的名誉权等权利，生产者或者经营者请求购买者承担损害赔偿等民事责任的，人民法院应予支持。

第十七条 人民法院在审理食品药品纠纷案件过程中，发现当事人的行为涉嫌生产、销售有毒、有害食品及假药、劣药，虚假诉讼等违法犯罪的，应当及时将有关违法犯罪线索、材料移送有关行政机关和公安机关。

第十八条 人民法院在审理食品药品纠纷案件过程中，发现违法生产、销售、使用食品、药品行为的，可以向有关行政机关、生产者或者经营者发出司法建议。

第十九条 本解释自2024年8月22日起施行。

本解释施行后尚未终审的民事案件，适用本解释；本解释施行前已经终审，当事人申请再审或者按照审判监督程序决定再审的民事案件，不适用本解释。

最高人民法院关于发布《最高人民法院关于审理食品药品惩罚性赔偿纠纷案件适用法律若干问题的解释》及食品安全惩罚性赔偿典型案例的新闻发布稿

2024年8月21日，最高人民法院举行新闻发布会，发布《最高人民法院关于审理食品药品惩罚性赔偿纠纷案件适用法律若干问题的解释》及食品安全惩罚性赔偿典型案例，并回答记者提问。最高人民法院民事审判第一庭庭长陈宜芳、民事审判第一庭副庭长吴景丽、民事审判第一庭二级高级法官谢勇出席发布会。发布会由最高人民法院新闻局副局长姬忠彪主持。《最高人民法院关于审理食品药品惩罚性赔偿纠纷案件适用法律若干问题的解释》（以下简称《解释》）已于2024年3月18日由最高人民法院审判委员会第1918次会议审议通过，自2024年8月22日起施行。《解释》的制定背景、起草过程、起草的基本原则和思路以及主要内容如下。

一、《解释》的制定背景和起草过程

消费案虽"小"，牵系大民生。食品药品安全是人民群众最关心、最直接、最现实的利益问题。为深入贯彻习近平总书记提出的"四个最严"要求，贯彻落实党的二十届三中全会关于完善食品药品安全责任体系和惩罚性赔偿制度要求，积极回应新时代人民群众对食品药品安全的新期待，服务保障经济社会高质量发展，针对实践中争议的食品标签及说明书瑕疵认定、代购人责任、小作坊责任、"知假买假"索赔等问题，最高人民法院于2023年启动《解释》立项工作。起草过程中多次征求立法机关、行政机关、消费者权益保护组织、法院系统、全国人大代表、全国政协委员、专家学者、消费者、生产经营者等意见，并于2023年11月30日向社会公开征求意见。在综合各方意见的基础上，经过多次论证、修改，形成送审稿，提请最高人民法院审判委员会审议后通过。

二、《解释》起草的基本原则

在起草《解释》过程中，最高人民法院坚持以下基本原则：一是贯彻落实中央精神。始终坚持以习近平新时代中国特色社会主义思想为指导，深入学习贯彻习近平法治思想，贯彻落实习近平总书记提出的"四个最严"要求以及党的二十届三中全会关于完善食品药品安全责任体系和惩罚性赔偿制度的要求，将保护食品药品安全和消费者权益作为首要价值取向，构建更加科学合理的食品药品惩罚性赔偿制度实施机制。二是坚持依法解释。《解释》起草工作立足于体现立法精神、遵循立法本意，确保《解释》紧扣民法典、食品安全法、药品管理法、消费者权益保护法等法律的立法目的。三是坚持问题导向。深入司法审判和行政执法一线调研，充分了解消费者、食品药品生产销售企业等面临的突出问题，立足审判实践，积极回应广大人民群众和生产经营者的关切。

三、《解释》起草的基本思路

《解释》起草过程中，最高人民法院正确处理以下四个关系：一是保护消费者合法权益与促进经济社会持续健康发展的关系。《解释》在加强消费者权益保护的同时，贯彻"过罚相当"原则，规制高额索赔行为，维护正常生产经营秩序，服务和保障经济社会持续健康发展。二是保护维权行为和惩治违法索赔的关系。《解释》充分保护消费者维权行为，发挥人民群众主体作用和监督作用，让"舌尖上的安全"更有保障。同时依法惩治违法索赔，维护正常生产经营秩序。三是统一规则与依法裁量的关系。《解释》坚持以生活消费需要为支持购买者惩罚性赔偿请求的条件，统一裁判尺度。同时明确根据具体情况判断合理生活消费需要范围，实现公正裁判。四是民事审判与行政监管和刑事打击的关系。《解释》专门就线索移送、司法建议等民事审判与行政监管、刑事打击的衔接机制作出规定。

四、《解释》的主要内容

《解释》共19条，对保护普通消费者维权、退款和返还食品药品、代购人责任、小作坊责任、标签和说明书瑕疵认定、惩罚性赔偿责任竞合、生产经营假药劣药责任、惩罚性赔偿金基数认定、规制连续购买索赔和反复索赔、惩治违法索赔等作出规定，主要包括以下内容。

一是对普通消费者应以实际支付价款作为计算惩罚性赔偿金的基数。《解释》对所有购买者均在生活消费需要范围内支持惩罚性赔偿请求。《解释》第一条规定，购买者系因个人或者家庭生活消费需要购买食品，没有证据证明其明知所购买食品不符合食品安全标准仍然购买的，应当以实际支付价款为基数计算价款十倍的惩罚性赔偿金，充分保护普通消费者的维权行为。

二是确立退款和返还食品药品规则。《解释》第二条充分吸收群众来信意见，规定依法应当对食品、药品采取无害化处理、销毁等措施的，应当依照食品安全法、药品管理法的相关规定处理，消除人民群众对不合格食品药品再次流入市场的担心。

三是规定代购人和小作坊责任。《解释》第三条规定，代购人如果以代购为业，应当依法承担惩罚性赔偿责任。第四条要求准确理解和适用食品安全法规定，既要保护食品安全，又要避免不当加重食品生产加工小作坊和食品摊贩等生产经营者责任。

四是明确违反哪些食品安全标准应承担惩罚性赔偿责任。《解释》第五条规定此问题时，虽未列举"食品生产经营过程的卫生要求"，但并未排除其适用。人民法院应当对食品不符合过程性食品安全标准是否影响食品安全作出认定。生熟食不分、有害物质与食品混放、包装材料或者运输工具污染食品等行为，违反过程性食品安全标准，危害食品安全的，应当依法承担惩罚性赔偿责任。

五是规定标签、说明书瑕疵认定规则。食品标签、说明书不符合食品安全标准，生产者或者经营者是否应当承担惩罚性赔偿责任是社会广泛关注的问题。《解释》第六条至第八条分别对不属于食品标签、说明书瑕疵的情形，食品标签、说明书瑕疵的认定标准，食品标签、说明书瑕疵的表现形式作出规定，统一裁判规则，回应社会关切。

六是规定不同惩罚性赔偿责任的适用规则。《解释》第九条规定购买者有权选择"退一赔三"或者"退一赔十"，以加强消费者权益保护。该条还规定，购买者如果错误起诉"退一赔十"，诉讼中有权依法变更为要求"退一赔三"。因变更后的主张未超出原诉讼请求范围，人民法院可依法作出裁判，不要求购买者必须以变更诉讼请求的方式变更主张，避免增加维权成本、造成程序空转。

七是规制恶意索赔。《解释》对恶意高额索赔、连续购买索赔和反复索赔行为予以规制。第十二条规定，对于"知假买假"者恶意高额索赔，在合理生活消费需要范围内依法支持其惩罚性赔偿请求。第十三条规定，对于"知假买假"者连续购买后索赔，按多次购买相同食品的总数，在合理生活消费需要范围内支持其惩罚性赔偿请求。第十四条规定，对于"知假买假"者连续购买并反复索赔，应当综合考虑保质期、普通消费者通常消费习惯、购买者的购买频次等因素，在合理生活消费需要范围内支持其惩罚性赔偿请求。

八是惩治违法索赔。对于恶意制造违法生产经营食品药品的假象，勒索赔偿金，或者依据恶意制造的假象起诉请求支付赔偿金等违法索赔行为，《解释》第十五条至第十七条规定，上述行为构成虚假诉讼的，应当根据情节轻重对违法行为人予以罚款、拘留；涉嫌敲诈勒索或者虚假诉讼罪的，应当及时将有关违法犯罪线索、材料移送公安机关，以惩治违法索赔行为，保护生产经营者合法权益，维护正常市场秩序。

与《解释》一同发布的还有四则食品安全惩罚性赔偿典型案例。典型案例与《解释》所彰显的司法理念和裁判规则一致，是对《解释》规定的生动诠释，有助于人民群众理解《解释》规定内容。

下一步，最高人民法院还将与行政主管部门就加强民事审判与行政执法的衔接机制进行协商，完善合作机制，形成法治合力；依法支持检察机关、有关组织提起公益诉讼，发挥公益诉讼打击和遏制市场主体违法行为的作用，推动形成共建共治共享的食品药品安全治理格局。

最高人民法院民事审判第一庭有关负责人就《最高人民法院关于审理食品药品惩罚性赔偿纠纷案件适用法律若干问题的解释》答记者问

2024年8月21日,最高人民法院举行新闻发布会,发布《最高人民法院关于审理食品药品惩罚性赔偿纠纷案件适用法律若干问题的解释》及食品安全惩罚性赔偿典型案例,并回答记者提问。

问: 食品安全法规定,食品标签、说明书存在瑕疵的,生产者或者经营者不承担惩罚性赔偿责任。如何认定食品标签、说明书瑕疵是社会各界广泛关注的问题,《解释》对此是否作出规定?

答: 标签、说明书问题是食品安全纠纷中常见的争议问题,也是社会各界广泛关注的问题,《解释》共用三个条文专门对这一问题作出规定。

《解释》第六条对不属于食品标签、说明书瑕疵的情形作出规定,明确应标未标、故意错标和重大错标均不属于食品标签、说明书瑕疵。关于故意错标的规定主要针对生产经营假冒伪劣食品的行为。《解释》起草过程中,有人建议对于故意错标也应当区分轻微错标和重大错标,只有故意重大错标才应当承担惩罚性赔偿责任。这一建议未获采纳,主要理由是:一是在食品标签、说明书上故意错标食品安全标准要求必须标明的内容,主观过错大,应予追责;二是在食品标签、说明书上故意错标的内容通常都是对消费者身体健康或者维权具有重大影响的信息,例如,生产者名称、地址、成分或者配料表、生产日期、保质期等，目的是误导消费者。因此，只要生产者或者经营者故意错标食品安全标准要求必须标明的内容，就应当依法承担惩罚性赔偿责任。

《解释》第七条规定食品标签、说明书瑕疵应当同时具备两个条件：一是不影响食品安全。是否影响食品安全应当依据食品安全法第一百五十条关于食品安全的规定作实质性判断。二是不会对消费者造成误导。《解释》采取主客观相结合的原则认定食品标签、说明书瑕疵是否会对消费者造成误导。如果购买者在购买食品时明知存在瑕疵，则不构成误导；如果购买者不明知，则以瑕疵是否会导致普通消费者对食品安全产生误解作为判断标准。

《解释》第八条对食品标签、说明书瑕疵的表现形式作出规定。起草过程中，对"有证据证明未实际添加的成分，标示了'未添加'，但未按照规定标示具体含量的"情形是否属于食品标签、说明书瑕疵的问题，存在不同认识。有的食品标签、说明书虽然标示"未添加"盐等成分，但食材本身含有该成分。我们认为，盐等成分的含量对身体健康尤其是特定人群身体健康有重要影响，不按照食品安全标准要求标示具体含量，仅标示"未添加"，会让消费者误认为食品不含有该成分。因此，这种情形一般不宜认定为标签、说明书瑕疵。

问：最高人民法院曾就"知假买假"问题制定过司法解释、发布过指导性案例和典型案例。相比之前的裁判规则，《解释》在规范"知假买假"方面有什么新的规则？

答："知假买假"并不是法律概念，在食品药品领域是指购买者明知食品不符合食品安全标准或者是假药劣药仍然购买并维权索赔的行为。社会各界对是否支持"知假买假"存在不同认识。2023年11月，最高人民法院发布四则典型案例，明确了在合理生活消费需要范围内支持惩罚性赔偿请求的裁判规则。《解释》从四方面进一步完善和细化规范"知假买假"的规则。

一是规定对普通消费者应以实际支付价款作为计算惩罚性赔偿金的

基数。《解释》坚持以生活消费需要作为适用食品药品惩罚性赔偿制度的条件。普通消费者因个人或者家庭生活消费需要购买食品药品，数量通常不大，原则上应当以实际支付价款作为计算惩罚性赔偿金的基数，充分保护普通消费者维权行为，避免因规范"知假买假"而增加普通消费者维权成本。

二是规定生产者或者经营者对购买者"知假买假"承担举证责任。根据"谁主张，谁举证"原则，《解释》第十二条第三款规定，生产者或者经营者主张购买者明知所购买食品不符合食品安全标准仍然购买索赔的，应当提供证据证明其主张。

三是规定连续购买索赔的惩罚性赔偿金计算规则。根据《解释》第十三条的规定，在购买者短时间内多次购买同一生产者或者经营者的同一不符合食品安全标准的食品后起诉要求按每次购买金额分别计算惩罚性赔偿金的，人民法院按多次购买相同食品的总数，在合理生活消费需要范围内支持"知假买假"者惩罚性赔偿请求。《解释》起草过程中，有人建议购买者如果已经向某一经营者索赔，就不应当支持其向其他经营者就相同食品提出的索赔请求。《解释》未采纳这一观点。违法经营者不应因其他经营者承担了惩罚性赔偿责任而免责。

四是规定连续购买后反复索赔的惩罚性赔偿金计算规则。《解释》第十四条规定，购买者连续购买同一生产者或者经营者的同一不符合食品安全标准的食品后对每次购买食品分别起诉索赔的，在认定合理生活消费需要时，应当考虑"购买频次"等因素。如果购买者连续购买后对每次购买行为分别起诉，人民法院均应在合理生活消费需要范围内支持惩罚性赔偿请求，并且应当考虑之前诉讼已经支持的部分。这种情况下的保护范围与《解释》第十三条相同。购买者连续购买后一次起诉还是分次起诉，保护范围是一样的，并不会因为不同诉讼策略而获得更大利益。如果购买者起诉支付惩罚性赔偿金胜诉后，生产经营者仍继续生产经营相同不符合食品安全标准的食品，因没有实现遏制违法生产经营行为的目的，购买者再次购买索赔的，仍应在合理生活消费需要范围内支持惩罚性赔偿请求，直到生产经营者纠正违法行为为止。《解释》的目的是遏制违法行为、保护食品药品安全。"打假"的尽头应当是"无假可打"。

问：随着互联网经济发展，代购已经成为消费者重要的购物方式。对于代购人责任在实践中存在不同认识，请问《解释》对此问题是否作出回应？

答：互联网经济发展催生了新的业态，代购就是这种新业态的代表之一。《解释》起草过程中，关于代购人责任存在两种观点：一是代购人与消费者之间形成委托代理关系，代理行为的法律后果由作为被代理人的消费者承担，而且所购买食品、药品的种类、数量都由消费者决定，因此，代购人不应当承担惩罚性赔偿责任。二是代购人作为经营者，应当承担经营者责任。代购人如果明知是不符合食品安全标准的食品或者假药、劣药仍然代购的，应当承担惩罚性赔偿责任。

《解释》第三条综合考虑各方意见，对不同性质的代购行为规定了不同责任。一是人民群众之间偶发、互助性质的代购不适用惩罚性赔偿责任。此类代购行为不属于经营行为，代购人不应当承担本应由经营者承担的惩罚性赔偿责任。二是以代购为业的代购人属于经营者，应当依法承担惩罚性赔偿责任。以代购为业的代购人如果明知消费者委托购买的是不符合食品安全标准的食品或者假药、劣药，仍然代购，应当依法承担惩罚性赔偿责任。

《解释》第三条第二款对代购人的追偿权作出规定。一是规定代购人知道是不符合食品安全标准的食品或者假药、劣药仍然代购，承担惩罚性赔偿责任后无权向生产者追偿。惩罚性赔偿责任以打击和遏制违法行为为目标。代购人系对自身过错行为承担惩罚性赔偿责任，如果允许其向生产者追偿，不利于打击和遏制违法代购行为。二是规定代购人不知道是不符合食品安全标准的食品或者假药、劣药而代购，向购买者承担赔偿责任后有权依法向生产者追偿。经营性代购行为与其他经营行为性质相同，本款关于代购人追偿权的规定也适用于其他经营者。

问：**个别购买者敲诈勒索、违法索赔行为扰乱了正常生产经营秩序，《解释》在打击和遏制违法索赔方面将采取哪些措施？**

答：人民法院既依法保护消费者合法权益，也依法保护生产经营者合法权益；既依法保护维权行为，又依法惩治违法索赔行为；既促进经营者守法经营，又倡导购买者诚信维权。实践中，个别购买者为牟取非法利益，有的夹带过期食品进商店，购买后向经营者索赔；有的相互串通，一人私藏过期食品，另一人购买后向经营者索赔；有的篡改食品药品生产日期，向生产者或者经营者索赔。这类恶意制造生产者或者经营者违法生产经营食品药品的假象、违法索赔的行为，损害生产经营者利益、扰乱生产经营秩序、耗费司法和行政资源，人民法院将依法予以惩治。

《解释》第十五条规定，如果购买者恶意制造生产者或者经营者违法生产经营食品、药品的假象，以投诉、起诉等方式相要挟，向生产者或者经营者索取赔偿金，涉嫌敲诈勒索的，人民法院应当及时将有关违法犯罪线索、材料移送有关行政机关和公安机关。对于购买者行为是否构成敲诈勒索犯罪的问题，应当依据刑法等法律规定作出认定。

《解释》第十六条对购买者恶意制造生产者或者经营者违法生产经营食品、药品的假象并起诉索赔的处理作出规定：一是应当驳回购买者诉讼请求；二是对虚假诉讼行为人予以罚款、拘留；三是依法支持生产者或者经营者请求购买者承担损害赔偿等民事责任的主张。通过提高违法成本遏制违法索赔行为。

《解释》第十七条还规定，购买者行为涉嫌虚假诉讼罪的，人民法院应当及时将有关违法犯罪线索、材料移送公安机关，以惩治违法索赔行为，保护生产经营者合法权益，维护正常市场秩序。

《最高人民法院关于审理食品药品惩罚性赔偿纠纷案件适用法律若干问题的解释》的理解与适用[*]

陈宜芳[**] 吴景丽[***] 谢 勇[****] 王永明[*****]

《最高人民法院关于审理食品药品惩罚性赔偿纠纷案件适用法律若干问题的解释》（以下简称《解释》）已于2024年3月18日由最高人民法院审判委员会第1918次会议审议通过，自2024年8月22日起施行。为便于司法实践中正确理解和适用，现就《解释》的制定背景、起草过程、基本思路和主要内容介绍如下。

一、《解释》的制定背景和起草过程

消费案虽"小"，牵系大民生。食品药品安全是人民群众最关心、最直接、最现实的利益问题。为贯彻落实习近平总书记提出的"四个最严"要求，积极回应新时代人民群众对食品药品安全的新期待，服务保障经济社会高质量发展，最高人民法院先后制定《最高人民法院关于审理食品安全民事纠纷案件适用法律若干问题的解释（一）》《最高人民法院关于为促进消费提供司法服务和保障的意见》，发布食品安全惩罚性赔偿

---

[*] 原文刊载于《中国应用法学》2024年第4期。
[**] 最高人民法院民事审判第一庭庭长。
[***] 最高人民法院民事审判第一庭副庭长。
[****] 最高人民法院民事审判第一庭二级高级法官。
[*****] 最高人民法院民事审判第一庭法官助理。

指导性案例和典型案例，对规范市场秩序、改善法治环境、保护食品药品安全、维护消费者合法权益发挥了重要作用。

随着经济社会发展、人民群众对食品药品安全期望提高和食品药品生产经营环境变化，实践中出现了新的食品药品安全纠纷法律适用问题，食品药品安全纠纷案件裁判尺度有待统一。例如，食品的标签、说明书不符合食品安全标准，是否影响食品安全，生产者或经营者是否应当承担惩罚性赔偿责任；哪些情形属于食品安全法第一百四十八条第二款规定的标签、说明书瑕疵，生产者或者经营者不需要承担惩罚性赔偿责任；代购人、小作坊、食品摊贩等主体是否应当承担惩罚性赔偿责任；"知假买假"者通过大额购买、连续购买、反复索赔谋取高额赔偿金，是否应当支持其惩罚性赔偿请求；购买者违法维权应当承担什么法律责任；等等。

为进一步深入贯彻习近平总书记提出的"四个最严"要求，贯彻落实党的二十届三中全会关于完善食品药品安全责任体系和惩罚性赔偿制度要求，积极回应新时代人民群众对食品药品安全的新期待，服务保障经济社会高质量发展，针对实践中争议的食品标签及说明书瑕疵认定、代购人责任、小作坊责任、"知假买假"索赔等问题，最高人民法院于2023年启动《解释》立项工作。起草过程中，多次征求立法机关、行政机关、消费者权益保护组织、下级法院、全国人大代表、全国政协委员、专家学者、消费者、生产经营者等各方面意见，并于2023年11月30日向社会公开征求意见。在综合各方意见的基础上，经过多次论证、修改，形成送审稿，提请最高人民法院审判委员会审议后通过。

二、《解释》起草的基本思路

《解释》起草过程中，最高人民法院正确处理以下四个关系，依法保护食品药品安全，促进生产经营者守法诚信经营，引导消费者依法理性维权。

一是正确处理保护消费者合法权益与促进经济社会持续健康发展的

关系。《解释》起草过程中，一方面，坚持将消费者权益保护放在首位，努力解决人民群众普遍关心的食品药品安全问题，切实增强人民群众的获得感、幸福感、安全感；另一方面，在加强消费者权益保护的同时，贯彻"过罚相当"原则，规制高额索赔行为，避免生产者或者经营者小过担大责，维护正常生产经营秩序，服务和保障经济社会高质量发展。

二是正确处理保护维权行为和惩治违法索赔的关系。《解释》始终坚持保护消费者维权行为，充分肯定在保护食品药品安全方面人民群众主体作用和监督作用。同时，依法打击敲诈勒索、虚假诉讼等违法索赔行为，保障正常生产经营秩序免受违法索赔干扰。

三是正确处理统一规则与依法裁量的关系。《解释》坚持以生活消费需要为支持购买者惩罚性赔偿请求的条件，统一裁判尺度。同时，允许各地法院根据具体情况判断合理生活消费需要范围，依法作出裁判，实现司法公正。

四是正确处理民事审判与行政监管和刑事打击的关系。《解释》起草过程中，坚持加强与行政机关沟通协调，确保执法理念和尺度相统一，并专门就线索移送、司法建议等民事审判与行政监管、刑事打击的衔接机制作出规定。为配合《解释》的实施，最高人民法院正与行政主管部门就加强民事审判与行政执法工作衔接进行协商，完善合作机制，形成法治合力。

三、《解释》的主要内容

《解释》共19条，对保护普通消费者维权、退款和返还食品药品、代购人责任、小作坊责任、标签和说明书瑕疵认定、惩罚性赔偿责任竞合、生产经营假药劣药责任、惩罚性赔偿金基数认定、规制反复索赔、惩治违法索赔等作出规定，主要内容包括以下几个方面。

（一）对普通消费者原则上应以实际支付价款作为计算惩罚性赔偿金的基数

2023年11月，最高人民法院发布四则典型案例，明确在合理生活消费需要范围内支持惩罚性赔偿请求,以解决实践中有的购买者超出合理生活消费需要大额购买、高额索赔,扰乱市场秩序,损害生产经营者合法权益的问题。关于这一规则是只适用于"知假买假"者还是适用于包括普通消费者在内的全部购买者的问题,实践中存在不同认识。食品安全法第一百四十八条第二款和药品管理法第一百四十四条第三款规定的惩罚性赔偿制度是为了保护消费者利益。更准确地说,上述规定保护的对象是消费行为。同一主体在不同情境下行为性质不同。例如,某自然人经营一家餐馆,同时从经营者处购买5桶食用油,1桶用于家庭消费,4桶用于餐馆经营。该自然人发现食用油不符合食品安全标准后,起诉请求经营者对5桶食用油均承担惩罚性赔偿责任。该自然人购买1桶食用油的行为属于消费行为,应就该桶食用油支持其提出的价款十倍惩罚性赔偿请求。《解释》坚持以在生活消费需要范围内作为适用食品药品惩罚性赔偿制度的条件,统一了裁判尺度。普通消费者因个人或者家庭生活消费需要购买食品药品,数量通常不大,原则上应当以实际支付价款为计算惩罚性赔偿金的基数,充分保护普通消费者维权行为,避免因规范"知假买假"而增加普通消费者维权成本。

(二) 确立退款和返还食品、药品规则

食品、药品"退一赔十"赔偿责任中,"退一"和"赔十"是不同性质的责任。前者是补偿性赔偿责任,主要以填补损失为目的;后者是惩罚性赔偿责任,主要以打击和遏制违法行为为目的。《解释》第二条对"退一"赔偿责任作出规定。依照民法典第一百五十七条规定,合同无效的情况下,应当返还财产或者折价补偿。故《解释》第二条第一款规定:"购买者明知所购买食品不符合食品安全标准或者所购买药品是假药、劣药,购买后请求经营者返还价款的,人民法院应予支持。"

依照民法典第一百五十七条规定,在经营者向购买者返还价款的情况下,购买者亦应当向经营者返还食品、药品,如果不能返还,则应当折价补偿。但是,如果问题食品、药品退还经营者后再次进入市场,会

对消费者权益造成损害。对此,《解释(征求意见稿)》第一条第二款规定:"经营者请求购买者返还食品、药品的,人民法院应当依法支持。返还食品、药品依法不能再次销售的,人民法院可以在裁判文书中说明。"在向社会征求意见过程中,对本款规定的意见主要是要求人民法院或者行政主管部门对问题食品、药品采取无害化处理、销毁等措施,避免问题食品、药品再次流入市场。经研究,我们采纳了这一建议,对本款规定作出修改:一是规定食品标签、标志或者说明书不符合食品安全标准,食品生产者在采取补救措施且能保证食品安全的情况下依法可以继续销售的,经营者有权请求购买者返还食品、药品;二是规定应当对食品、药品采取无害化处理、销毁等措施的,则应当依照食品安全法、药品管理法的相关规定处理。

(三) 规定职业代购人应当依法承担惩罚性赔偿责任

随着互联网经济发展,代购已经成为消费者重要的购物方式。关于代购人责任在实践中存在不同认识,《解释》对这一问题作出规定。在《解释》起草过程中,关于代购人责任形成两种观点:一是代购人与消费者之间形成委托代理关系,代理行为的法律后果由作为被代理人的消费者承担,而且所购买食品、药品的种类、数量都由消费者决定,因此,代购人不应当承担惩罚性赔偿责任;二是代购人作为经营者,应当承担经营者责任。代购人明知是不符合食品安全标准的食品或者假药、劣药仍然代购的,应当承担惩罚性赔偿责任。

《解释》第三条综合考虑各方意见,对不同性质的代购行为规定了不同责任。一是人民群众之间偶发、互助性质的代购不适用惩罚性赔偿责任。此类代购行为不属于经营行为,代购人不应当承担本应由经营者承担的惩罚性赔偿责任。二是以代购为业的代购人属于经营者,应当依法承担惩罚性赔偿责任。以代购为业的代购人明知购买者委托购买的是不符合食品安全标准的食品或者假药、劣药,仍然代购的,应当依法承担惩罚性赔偿责任。

《解释》第三条第二款对代购人的追偿权作出规定。一是规定代购人承担惩罚性赔偿责任后无权向生产者追偿。惩罚性赔偿责任以打击和遏制违法行为为目标。代购人系对自身过错行为承担惩罚性赔偿责任，如果允许其向生产者追偿，不利于打击和遏制违法代购行为。二是规定受托人不知道是不符合食品安全标准的食品或者假药、劣药而代购，向购买者承担赔偿责任后有权依法向生产者追偿。经营性代购行为与其他经营行为性质相同，本款关于代购人追偿权的规定也适用于其他经营者。

（四）规定小作坊等承担惩罚性赔偿责任的条件

关于食品生产加工小作坊和食品摊贩等生产经营不符合食品安全标准的食品，是否适用食品安全法第一百四十八条第二款关于惩罚性赔偿责任规定的问题，实践中存在不同认识。第一种观点认为不应当适用。理由是：食品安全法第三十六条第三款规定："食品生产加工小作坊和食品摊贩等的具体管理办法由省、自治区、直辖市制定。"第一百二十七条规定："对食品生产加工小作坊、食品摊贩等的违法行为的处罚，依照省、自治区、直辖市制定的具体管理办法执行。"依照上述规定，食品生产加工小作坊和食品摊贩等由省、自治区、直辖市管理，不适用食品安全法关于惩罚性赔偿责任的规定。第二种观点认为应当适用。理由是：人民法院应当贯彻落实"四个最严"要求。食品生产加工小作坊和食品摊贩等适用食品安全法关于惩罚性赔偿责任的规定，有利于打击"黑作坊"，保护食品安全。而且，食品安全法第一百四十八条未规定不适用于食品生产加工小作坊和食品摊贩等主体。鉴于食品生产加工小作坊和食品摊贩等数量众多，与人民群众身体健康关系密切，《解释》第四条第一款规定，食品生产加工小作坊和食品摊贩等生产经营的食品不符合食品安全标准，购买者有权请求生产者或者经营者依照食品安全法第一百四十八条第二款规定承担惩罚性赔偿责任。

根据食品安全法第一百二十七条的规定，对食品生产加工小作坊、食品摊贩等的违法行为的处罚，依照省、自治区、直辖市制定的具体管理办法执行。实践中，存在直接以食品是否符合省、自治区、直辖市制定的具体管理办法等规定，而非以是否符合食品安全标准作为认定食品生产加工小作坊和食品摊贩等主体是否承担惩罚性赔偿责任依据的情况。这与食品安全法第一百四十八条第二款规定不符。针对这一问题，《解释》第四条第二款规定，食品生产加工小作坊和食品摊贩等主体承担惩罚性赔偿责任不应当以食品是否符合省、自治区、直辖市制定的具体管理办法等规定为依据，而应当以食品是否符合食品安全标准为依据，避免不当加重食品生产加工小作坊和食品摊贩等主体的责任。

在适用食品安全惩罚性赔偿规则时，应当坚持体系解释的原则。食品安全法关于食品生产加工小作坊和食品摊贩等主体义务的规定主要是第三十六条第一款："食品生产加工小作坊和食品摊贩等从事食品生产经营活动，应当符合本法规定的与其生产经营规模、条件相适应的食品安全要求，保证所生产经营的食品卫生、无毒、无害，食品安全监督管理部门应当对其加强监督管理。"人民法院在处理涉及食品生产加工小作坊和食品摊贩等主体的惩罚性赔偿纠纷案件时，应当聚焦于其生产经营的食品是否符合卫生、无毒、无害这一实质性食品安全要求，既要严格贯彻落实"四个最严"要求、依法保护食品安全，又要充分考虑食品生产加工小作坊和食品摊贩等主体的实际情况；既要依法保护广大合法诚信的食品生产加工小作坊和食品摊贩等主体的权益和正常生产经营秩序，又要严厉打击制售假冒伪劣食品的"黑作坊"。2024年8月，最高人民法院发布的食品安全惩罚性赔偿典型案例陆某诉某酱菜坊产品责任纠纷案，亦明确了小作坊制售安全无害但未标明生产日期和保质期的散装食品不承担惩罚性赔偿责任的裁判规则。

（五）进一步明确食品安全标准与惩罚性赔偿责任的关系

实践中有观点认为，根据食品安全法第一百五十条的规定，食品安全是指食品无毒、无害，符合应当有的营养要求，对人体健康不造成任何急性、亚急性或者慢性危害。食品安全标准的范围非常广泛，有的食品虽然不符合食品安全标准，尤其是关于生产经营过程的食品安全标准，但本身是安全的。这种情况下不宜追究生产者或者经营者的惩罚性赔偿责任。由于不安全食品对消费者身体健康的损害具有长期性、潜伏性，消费者很难证明不符合食品安全标准的食品是否会对身体健康造成实质危害，为保护食品安全和消费者权益，《解释》未采纳这一观点。

《解释》第五条对生产经营不符合哪些食品安全标准的食品应当依法承担惩罚性赔偿责任作出规定。需要注意的是，本条规定未列举"食品生产经营过程的卫生要求"，但在其他各项要求后加了一个"等"字。这个"等"字是指"等外"。根据本条解释的规定，人民法院不能排除过程性食品安全标准的适用，应当对食品不符合过程性食品安全标准是否影响食品安全作出认定。有的生产者生产环境恶劣、生熟食不分、有害物质与食品混放；有的经营者在包装、运输、储存食品过程中违规操作导致食品污染，违反过程性食品安全标准，危害食品安全，应当依法承担惩罚性赔偿责任。

（六）规定标签、说明书瑕疵认定规则

食品标签、说明书不符合食品安全标准，生产者或者经营者是否应当承担惩罚性赔偿责任是社会广泛关注的问题。最高人民法院高度重视食品标签、说明书对于食品安全的重要意义，明确向"食品标签、说明书不重要、不影响食品安全"这一错误观点说"不"。《最高人民法院关于审理食品安全民事纠纷案件适用法律若干问题的解释（一）》第十一条规定："生产经营未标明生产者名称、地址、成分或者配料表，或者未清晰标明生产日期、保质期的预包装食品，消费者主张生产者或者经营者依据食品安全法第一百四十八条第二款规定承担惩罚性赔偿责任的，人民法院应予支持，但法律、行政法规、食品安全国家标准对标签标注事项另有规定的除外。"在此基础上，《解释》第七条规定，购买者以食品的标签、说明书不符合食品安全标准为由请求生产者或者经营者支付惩罚性赔偿金，生产者或者经营者以食品的标签、说明书虽不符合食品安全标准但不影响食品安全为由进行抗辩的，人民法院对其抗辩不予支持。

食品安全法规定，标签、说明书存在不影响食品安全且不会对消费者造成误导的瑕疵，生产者或者经营者不承担惩罚性赔偿责任。如何认定标签、说明书瑕疵是社会广泛关注的问题，《解释》专门对这一问题作出规定，包括以下三方面内容。

一是规定不属于食品标签、说明书瑕疵的情形。《解释》第六条规定应标未标、故意错标和重大错标均不属于食品标签、说明书瑕疵。应标未标，是指未标明食品安全标准要求必须标明的事项，但是属于《解释》第八条规定可以不标示的情形除外。故意错标，是指对于食品安全标准要求必须标明的事项，故意错误标示相关信息，例如故意涂改保质期、生产日期。关于故意错标的规定主要针对生产经营假冒伪劣食品的行为，例如标示虚假的生产者名称、生产地址。《解释》起草过程中，有人建议对于故意错标也应当区分轻微错标和重大错标，只有故意重大错标才应当承担惩罚性赔偿责任。这一建议未获采纳，主要理由是：其一，在食品标签、说明书上故意错标食品安全标准要求必须标明的内容，主观过错大，应予追责；其二，在食品标签、说明书上故意错标的内容通常都是对消费者身体健康或者维权具有重大影响的信息，例如，生产者名称、地址、成分或者配料表、生产日期、保质期等，目的是误导消费者。因此，只要生产者或者经营者故意错标食品安全标准要求必须标明的内容，就应当依法承担惩罚性赔偿责任。重大错标，是指未正确标明食品安全标准要求必须标明的事项，足以导致消费者对食品安全产生误解的情形。是否属于重大错标，可结合《解释》第七条规定作出认定。

二是规定标签、说明书瑕疵的认定标准。《解释》第七条规定，食品标签、说明书瑕疵应当同时具备两个条件：其一，不影响食品安全。是否影响食品安全应当依照食品安全法第一百五十条关于食品安全的规定作实质性判断。其二，不会对消费者造成误导。《解释》采取主客观相结合的原则认定食品标签、说明书瑕疵是否会对消费者造成误导。如果购买者在购买食品时明知存在瑕疵,则不构成误导;如果购买者不明知,则根据瑕疵是否会导致普通消费者对食品安全产生误解等事实进行判断。

三是规定食品标签、说明书瑕疵的表现形式。《解释》第八条根据食品安全法第一百四十八条第二款的规定,在借鉴市场监管总局《食品生产经营监督检查管理办法》第三十七条规定的基础上,明确以下情形属于食品标签、说明书瑕疵:(1)文字、符号、数字的字号、字体、字高不规范,或者外文字号、字高大于中文;(2)出现错别字、多字、漏字、繁体字或者外文翻译不准确,但不会导致消费者对食品安全产生误解;(3)净含量、规格的标示方式和格式不规范,食品、食品添加剂以及配料使用的俗称或者简称等不规范,营养成分表、配料表顺序、数值、单位标示不规范,或者营养成分表数值修约间隔、"0"界限值、标示单位不规范,但不会导致消费者对食品安全产生误解;(4)对没有特殊贮存条件要求的食品,未按照规定标注贮存条件;(5)食品的标签、说明书存在其他瑕疵,但不影响食品安全且不会对消费者造成误导。

《解释》起草过程中,对于"对有证据证明未实际添加的成分,标注了'未添加',但未按照规定标示具体含量的"情形是否属于标签、说明书瑕疵,存在不同认识。例如,我国消费者盐(钠)摄入量较高,盐的含量对消费者身体健康尤其是特定人群身体健康有重要影响。《食品安全国家标准 预包装食品营养标签通则》第2.4条规定:"营养标签中的核心营养素包括蛋白质、脂肪、碳水化合物和钠。"第4.1条规定:"所有预包装食品营养标签强制标示的内容包括能量、核心营养素的含量值及其占营养素参考值(NRV)的百分比。当标示其他成分时,应采取适当形式使能量和核心营养素的标示更加醒目。"如果食品标签、说明书虽然标注"未添加"盐(钠)等成分,但食材本身含有这些成分,又不按照食品安全标准要求标示该成分的具体含量,仅标注"未添加"盐(钠)等成分,会让消费者误认为食品不含有盐(钠)等成分,导致消费者对食品安全产生误解。因此,上述情形一般不宜认定为标签、说明书瑕疵。

(七) 细化和完善药品惩罚性赔偿规则

药品安全与人民群众身体健康权利保护具有紧密联系。《解释》第十条规定："购买者因个人或者家庭生活消费需要购买的药品是假药、劣药，依照药品管理法第一百四十四条第三款规定请求生产者或者经营者支付惩罚性赔偿金的，人民法院依法予以支持。"2019年修订药品管理法时，删除了2015年药品管理法第四十八条关于"按假药论处"和第四十九条关于"按劣药论处"的规定。生产、销售国务院药品监督管理部门规定禁止使用的药品、依照药品管理法必须批准而未经批准生产、进口药品或者依照药品管理法必须检验而未经检验即销售的药品等行为是否应当承担惩罚性赔偿责任，在实践中存在不同认识。《解释》起草过程中，充分考虑了2019年修订的药品管理法精神、人民群众需求的多样性以及我国中医药发展传统和习惯。《解释》第十一条第一款规定以下三类行为不应当承担惩罚性赔偿责任。

一是不以营利为目的实施带有自救、互助性质的生产、销售少量药品且未造成他人伤害后果的行为。这类行为是人民群众之间具有自救性、互助性的行为，不以营利为目的，不属于经营行为，故无须承担惩罚性赔偿责任。

二是根据民间传统配方制售药品，数量不大，且未造成他人伤害后果的行为。中医建立在长年经验积累和累世传承的基础之上。有人根据民间传统配方制售药品，解决周边群众求医问药困难，甚至在部分群众中具有较高威信。《解释》充分考虑我国部分地区群众就医需求和民间传统医药发展需要，规定只要这种行为未造成他人伤害后果，就无须承担惩罚性赔偿责任。

三是不以营利为目的实施带有自救、互助性质的进口少量境外合法上市药品的行为。这类行为也是人民群众之间具有自救性、互助性的行为，不以营利为目的，不属于经营行为，故不应承担惩罚性赔偿责任。本项规定适用需具备两个条件：其一，进口少量药品；其二，进口境外合法上市药品。

如果已经有证据证明诉争行为系生产、销售或者使用假药、劣药，例如，行政机关出具的处罚决定或者行政机关、药品检验机构提供的检验结论、认定意见等证据已经对诉争行为性质作出认定，人民法院就应当依据已有证据对诉争行为是否属于生产、销售或者使用假药、劣药的行为作出认定。

（八）规定不同惩罚性赔偿责任的适用规则

《解释》第九条规定消费者有权选择"退一赔三"或者"退一赔十"，以加强消费者权益保护。这解决了在生产者或者经营者行为同时符合"退一赔三"和"退一赔十"两个惩罚性赔偿责任构成要件，消费者请求"退一赔十"，但只支持"退一赔三"的问题。"退一赔三"是指消费者受到欺诈后，除请求返还价款外，还有权依据消费者权益保护法第五十五条第一款规定，请求经营者按照消费者购买商品的价款或者接受服务的费用的三倍支付惩罚性赔偿金。"退一赔十"是指消费者购买到不符合食品安全标准的食品或者假药、劣药后，除请求返还价款外，还有权依照食品安全法第一百四十八条第二款或者药品管理法第一百四十四条第三款的规定请求生产者或者经营者支付价款十倍的惩罚性赔偿金。消费者也有权依照上述规定请求生产者或者经营者支付损失三倍的惩罚性赔偿金，但实践中，消费者多主张"退一赔十"。本条第二款还规定，消费者如果错误起诉"退一赔十"，诉讼中有权依法变更为"退一赔三"。因变更后的主张未超出原诉讼请求范围，人民法院可依法作出裁判，不要求消费者必须以变更诉讼请求的方式变更主张，避免增加消费者维权成本、造成程序空转。

（九）规制恶意高额索赔

食品药品惩罚性赔偿制度对于打击和遏制违法生产经营食品药品行为、保护食品药品安全和消费者合法权益发挥了积极作用。有的购买者为谋取不当利益，利用食品安全法、药品管理法和《最高人民法院关于审理食品药品纠纷案件适用法律若干问题的规定》第三条规定，远超出生活消费需要大量购买食品药品，通过增加支付价款的方式，达到高额索赔目的；有的购买者在知道食品或者药品存在问题的情况下，短时间内对同一生产者或者经营者生产经营的同一食品或者药品连续购买、反复索赔，试图增加索赔金额。这些行为导致部分生产者或者经营者"小过担大责"，背离食品安全法、药品管理法和《最高人民法院关于审理食品药品纠纷案件适用法律若干问题的规定》等法律和司法解释规定精神，也引发了是否应当支持"知假买假"的争议。

"知假买假"并不是法律概念。人民群众通俗地把购买者知道食品不符合食品安全标准或者药品是假药、劣药仍然购买并维权索赔的行为称为"知假买假"。长期以来，社会各界对于是否应当支持"知假买假"的问题存在争议。对此，《最高人民法院关于审理食品药品纠纷案件适用法律若干问题的规定》第三条规定："因食品、药品质量问题发生纠纷，购买者向生产者、销售者主张权利，生产者、销售者以购买者明知食品、药品存在质量问题而仍然购买为由进行抗辩的，人民法院不予支持。"针对实践中有的"知假买假"者超出合理生活消费需要大额购买、高额索赔带来的问题，最高人民法院于2023年11月发布四则典型案例，明确在合理生活消费需要范围内支持购买者惩罚性赔偿请求。《解释》在之前裁判规则的基础上，从四方面进一步细化和完善了规制"知假买假"者恶意高额索赔的规则。

其一，《解释》对所有购买者均在生活消费需要范围内支持惩罚性赔偿请求。对于普通消费者，《解释》第一条规定，购买者因个人或者家庭生活消费需要购买食品，没有证据证明其明知所购买食品不符合食品安全标准仍然购买的，应当以购买者实际支付价款为基数计算价款十倍的惩罚性赔偿金。对于"知假买假"者，《解释》规定应当综合考虑保质期、普通消费者通常消费习惯、购买频次等因素，在合理生活消费需要范围内支持其惩罚性赔偿请求。《解释》将支持食品药品惩罚性赔偿请求的条件统一到"生活消费需要范围"这一标准之下。但在判定是否超出"生活消费需要范围"时,要根据案件具体情况作出认定,既打击和遏制违法制售食品药品的行为,规制"知假买假"者恶意高额索赔行为,又避免增加普通消费者的维权成本。

其二,规定生产者或者经营者对购买者"知假买假"承担举证责任。根据"谁主张,谁举证"原则,《解释》第十二条第三款规定,生产者或者经营者主张购买者明知所购买食品不符合食品安全标准仍然购买索赔的,应当提供证据证明其主张。如果生产者或者经营者不能证明购买者属于"知假买假",仍应当以购买者实际支付价款金额为基数计算价款十倍的惩罚性赔偿金。

其三,规定连续购买并索赔的惩罚性赔偿金计算规则。根据《解释》第十三条的规定,在购买者对同一生产者或经营者的同一不符合食品安全标准的食品短时间内多次购买后索赔的,按多次购买相同食品的总数,在合理生活消费需要范围内支持"知假买假"者惩罚性赔偿请求。例如,最高人民法院于2023年11月发布的典型案例张某诉上海某生鲜食品有限公司买卖合同纠纷案中,购买者在知道咸鸭蛋刚过保质期的情况下,两天分两次购买46枚咸鸭蛋,每枚咸鸭蛋分别付款,制造连续购买46次、每次购买1枚咸鸭蛋的交易记录,并利用食品安全法第一百四十八条第二款关于惩罚性赔偿金最低为1000元的规定,请求对每次购买的1枚咸鸭蛋赔偿1000元,共计赔偿46000元。这种两天连续46次购买、每次购买1枚咸鸭蛋的行为与通常的消费习惯明显不同,但购买者购买的咸鸭蛋总数并未超出合理生活消费需要。审理法院以46枚咸鸭蛋的总价款为基数,计算价款十倍的惩罚性赔偿金,既打击和遏制违法销售过保质期咸鸭蛋的行为,又对恶意高额索赔行为依法予以规制。《解释》起草过程中,有人建议,购买者如果已经向某一经营者索赔,就不应当支持其向其他经营者就相同食品提出的索赔请求。《解释》未采纳这一观点。违法经营者不应因其他经营者承担了惩罚性赔偿责任而免责。

其四,规定连续购买后反复索赔的惩罚性赔偿金计算规则。《解释》

第十四条规定,购买者对同一生产者或经营者的同一问题食品短时间内多次购买并反复索赔的,对"知假买假"者只在合理生活消费需要范围内支持惩罚性赔偿请求。《解释》第十三条针对的是短时间内多次购买、一次起诉索赔的情形。第十四条针对的是短时间内多次购买、分次反复起诉索赔的情形。实践中,有的购买者为获得高额惩罚性赔偿金,会对每次购买食品分别起诉。以上述案例为例,如果购买者对46次购买行为分别起诉,人民法院应对每次起诉的咸鸭蛋是否超出合理生活消费需要进行审查。在认定合理生活消费需要时,应当综合考虑保质期、普通消费者通常消费习惯、购买频次等因素。考虑"购买频次"就意味着对于购买者后提起的诉讼,在认定所诉食品是否超出合理生活消费需要时,既要考虑前案已经支持赔偿请求的部分,也要考虑前后购买间隔时间的长短。"知假买假"者依据本条规定所能获得的惩罚性赔偿金原则上与《解释》第十三条相同,其并不能因诉讼策略不同而获得更大利益。但是,经营者被判决承担惩罚性赔偿责任后,仍然继续销售过保质期的咸鸭蛋,购买者再次购买维权的,仍应当在合理生活消费需要范围内支持其惩罚性赔偿请求,直到经营者停止该违法行为为止。惩罚性赔偿制度中的"罚"只是手段,而非目的,目的是通过承担惩罚性赔偿责任提醒、警示违法生产者或者经营者,遏制同类违法行为再次发生。"打假"的尽头是"无假可打"。

(十)依法打击违法索赔

人民法院既依法保护消费者合法权益,也依法保护生产经营者合法权益;既依法保护维权行为,又严厉打击违法索赔行为;既促进经营者守法经营,又倡导购买者诚信维权。实践中,有的购买者为牟取非法利益,夹带过期食品进商店,购买后向经营者索赔;有的相互串通,一人私藏过期食品,另一人购买后向经营者索赔;有的篡改食品药品生产日期,向生产者或者经营者索赔。这类恶意制造生产者或者经营者违法生产经营食品药品的假象、违法索赔的行为,损害生产者和经营者利益、扰乱生产经营秩序、耗费司法和行政资源，人民法院将依法予以惩治。

《解释》第十五条规定，购买者恶意制造生产者或者经营者违法生产经营食品、药品的假象，以投诉、起诉等方式相要挟，向生产者或者经营者索取赔偿金，涉嫌敲诈勒索的，人民法院应当及时将有关违法犯罪线索、材料移送公安机关。对于购买者行为是否构成敲诈勒索犯罪的问题，应当依据刑法等法律规定作出认定。

《解释》第十六条对购买者恶意制造生产者或者经营者违法生产经营食品、药品的假象并起诉索赔的处理作出规定：一是应当驳回购买者诉讼请求；二是对虚假诉讼行为人根据情节轻重予以罚款、拘留；三是依法支持生产者或者经营者请求购买者承担损害赔偿等民事责任的主张。通过提高违法成本遏制违法索赔行为。

《解释》第十七条还规定，购买者行为涉嫌虚假诉讼罪的，人民法院应当及时将有关违法犯罪线索、材料移送公安机关，以惩治违法索赔行为，保护生产经营者合法权益，维护正常市场秩序。

最高人民法院积极构建更加科学合理的食品药品惩罚性赔偿制度[*]

王利明[**]

食品药品安全是人民群众最关心、最直接、最现实的利益问题，是最基本的民生。为保护食品药品安全和消费者合法权益，食品安全法和药品管理法规定了食品药品惩罚性赔偿制度。这一制度对于落实"四个最严"要求、惩治食品药品领域违法行为、维护人民群众生命健康安全发挥了积极作用。但这两部法律在适用中也遇到一些问题，例如，关于消费者可以要求支付价款十倍、损失三倍的赔偿金等惩罚性赔偿规则，其中所说的"消费者"的范围如何界定？是否包括"职业打假"者？"知假买假"者是否属于法律规定的消费者？是否应当将其理解为生活消费？等等。为了正确适用法律，最高人民法院制定了《最高人民法院关于审理食品药品惩罚性赔偿纠纷案件适用法律若干问题的解释》（以下简称《解释》）。《解释》坚持系统思维，积极构建更加科学合理的惩罚性赔偿制度，有效解决了食品药品惩罚性赔偿制度在适用中的难题，对于推动形成共建、共治、共享的食品药品安全治理格局具有重要意义。

一、食品药品惩罚性赔偿制度在适用中的困境

食品药品惩罚性赔偿制度是我国食品药品安全责任体系的重要内容。

---

[*] 原文刊载于《人民法院报》2024年8月22日。
[**] 中国人民大学一级教授。

从治理体系层面来看，这一责任体系包括了刑事制裁、行政监管、公益诉讼和群众监督等多方面。这些制度各有特点，刑事制裁针对的是食品药品领域的犯罪行为，制裁的力度大但制裁范围较窄。行政监管见效快，但囿于行政监管资源有限，尚不足以全面排查食品药品市场中的违法行为。消费公益诉讼在遏制食品药品违法行为方面能够发挥一定的作用，但实施效果并不明显。一方面，消费者权益保护组织提起的食品药品安全民事公益诉讼数量较少，仅能规制极少数量的食品药品违法行为，且公益诉讼原告发现违法线索、固定违法证据的难度较大；另一方面，检察机关提起的主要是刑事附带民事公益诉讼。在犯罪分子已经受到刑事制裁的情况下，再向其提起附带民事公益诉讼，规制作用未充分发挥。而大量未进入刑事程序的违法行为则无法得到有效遏制。就群众监督而言，包括普通消费者维权和"知假买假"者维权索赔两个方面。普通消费者由于缺乏食品药品安全知识、法律知识、证据意识和维权意识，且维权成本较高，即使其购买到不合格的食品药品，也未必能及时发现问题，即便发现问题也可能因金额较小等而放弃维权。因此，可以说，我国食品药品安全的治理结构还有待进一步完善。在此背景下，充分发挥惩罚性赔偿制度在打击和遏制违法制售食品药品方面的作用，也不失为一种有效的方法。

然而，高额的惩罚性赔偿金也可能会导致部分购买者大额购买、高额索赔，甚至借维权之名敲诈勒索，扰乱市场秩序，损害生产者、经营者的合法权益。针对此种情形，司法机关面临两难困境：普通群众的食品药品安全知识和法律知识相对缺乏，维权成本高，维权意愿低，如果对"知假买假"者提出的惩罚性赔偿请求一律不予支持，将难以发挥惩罚性赔偿制度在打击和遏制违法行为、保护食品药品安全方面的作用，导致食品安全法和药品管理法关于食品药品惩罚性赔偿的规定沦为"抽屉条款"；但如果一律支持"知假买假"者的惩罚性赔偿请求，可能助长恶意高额索赔和违法索赔行为，导致部分生产者、经营者"小过担大责"，背离食品安全法、药品管理法和《最高人民法院关于审理食品药品纠纷案件适用法律若干问题的规定》等法律和司法解释规定的精神。因此，如何准确界定食品药品领域惩罚性赔偿的适用条件，尤其是明确"知假买假"者与消费者的关系，成为亟待解决的问题。

二、《解释》构建了科学合理的食品药品惩罚性赔偿制度

针对司法实践面临的难题，《解释》明确将"合理生活消费需要范围"作为食品药品惩罚性赔偿责任的适用条件。无论是普通消费者，还是"知假买假"者，都应当以"合理生活消费需要范围"作为适用惩罚性赔偿的要件。这既能发挥"知假买假"者打击和遏制违法行为的作用，又能防止其恶意高额索赔，扰乱正常的生产经营秩序。对于严重的食品药品违法犯罪行为和普遍性的食品药品安全问题，《解释》规定，人民法院应通过移送线索、材料和发出司法建议加大惩治力度，从根本上打击和遏制危害食品药品安全的生产经营行为，保护消费者合法权益。具体而言，《解释》从以下四方面构建了更加科学合理的食品药品惩罚性赔偿制度。

一是厘清了"知假买假"者与消费者的关系。关于"知假买假"者是否属于消费者的争议由来已久。严格地说，"知假买假"并不是一个法律概念。人们通常将购买者明知食品不符合食品安全标准或者药品是假药、劣药仍然购买的行为称为"知假买假"。"知假买假"者未必不属于消费者。例如，有的消费者知道缺少中文标签的进口食品不符合食品安全标准，仍愿意购买消费，其主观上可能兼有消费和维权的目的。然而，主观动机常常具有隐蔽性、复杂性、易变性，一概按照购买者的主观动机来判断购买行为是否属于"消费行为"，判断难度大，容易导致裁判尺度不统一。因此，《解释》坚持客观标准，以普通消费者的合理生活消费需要作为判断"消费行为"的标准，即只要购买数量没有超出普通消费者合理生活消费需要，就属于"消费行为"。该标准明确了"消费行为"的判断标准，有利于消弭关于"知假买假"者是否属于消费者的争议，具有很强的可操作性，也有利于统一裁判尺度。

二是防止恶意高额索赔扰乱生产经营秩序。根据食品安全法第一百四十八条第二款的规定，消费者有权主张价款十倍的惩罚性赔偿金。在"知假买假"的情况下，如果将购买者购买任何数量食品的行为都视为消费行为，并且允许其在产生问题后主张惩罚性赔偿，则可能使生产者或者经营者"小过担大责"，违背"过罚相当"原则，也让生产者、经营者面临"天价索赔"的风险。《解释》对"知假买假"者一次性大量购买后起诉、连续购买后一次性起诉、连续购买后分别起诉的行为进行规制，统一采取"有限支持"原则：一是依法支持其退款请求；二是在合理生活消费需要范围内依法支持其惩罚性赔偿请求。对"知假买假"行为"扬其长避其短"，排除恶意索赔天价惩罚性赔偿金的可能性，发挥其打击和遏制违法行为作用的同时，又能有效抑制恶意高额索赔扰乱生产经营秩序的"副作用"。

三是避免因规范"知假买假"而增加普通消费者的维权成本。关于如何判断"知假买假"者所购买的食品是否超出合理生活消费需要，《解释》采取客观标准，即以普通消费者通常的消费习惯为判断标准。依据《解释》第一条的规定，购买者因个人或者家庭生活消费需要购买的食品不符合食品安全标准，购买后依照食品安全法第一百四十八条第二款规定请求生产者或者经营者支付惩罚性赔偿金的，人民法院依法予以支持，而且应当根据购买者请求以其实际支付价款为基数计算价款十倍的惩罚性赔偿金。普通消费者为个人或者家庭生活消费需要而购买食品的数量通常较小，因此，对普通消费者提出的惩罚性赔偿请求，不应机械地限制赔偿金额，避免因规范"知假买假"而增加普通消费者的维权成本。

四是通过线索移送和司法建议对食品药品安全开展源头治理。为抑制"知假买假"者的恶意高额索赔行为，《解释》对其惩罚性赔偿请求采取"有限支持"的态度。这也意味着，生产者、经营者承担的惩罚性赔偿责任"有限"，这可能引发能否有效遏制违法制售食品药品行为的担忧。对此，《解释》坚持系统思维，将食品药品惩罚性赔偿制度置于国家治理体系和治理能力现代化的整体架构之下进行制度设计，专门规定了线索移送和司法建议规则。根据《解释》第十七条和第十八条规定，人民法院在审理食品药品纠纷案件过程中，发现当事人的行为涉嫌生产、销售有毒、有害食品及假药、劣药等违法犯罪的，应当及时将有关违法犯罪线索、材料移送有关行政机关和公安机关，还可以向有关行政机关、生产者或者经营者发出司法建议。这既可以加大打击违法行为的力度，又有利于从根源上解决危害食品药品安全的问题，努力实现"办理一案、治理一片"的效果，不断健全我国食品药品安全治理体系。

总之，《解释》在构建科学合理的食品药品惩罚性赔偿制度方面展现出了亮点。既有利于依法保护普通消费者维权行为，也有利于发挥"知假买假"者善于发现违法线索、固定收集证据的优势，同时，有效防止"知假买假"者恶意高额索赔，很好地实现了各种利益的平衡。《解释》通过线索移送加大对严重违法行为的打击力度，通过司法建议从源头上保护食品药品安全，实现了不同领域法律制度在规制食品药品违法行为方面的联动，构建了更加科学合理的食品药品惩罚性赔偿制度，充分发挥惩罚性赔偿制度的功能。

最高人民法院食品药品惩罚性赔偿司法政策的"变与不变"

王毓莹

党的二十届三中全会提出,要完善食品药品安全责任体系和惩罚性赔偿制度。进一步完善食品药品惩罚性赔偿制度同时涉及这两项改革任务的贯彻落实,关乎亿万人民群众的生命健康安全和广大食品药品生产者、经营者的切身利益。是否支持"知假买假"、如何认定标签和说明书瑕疵、职业代购是否担责等问题,是社会普遍关注的问题。其中,争议最大的为是否支持食品药品领域"知假买假"者的惩罚性赔偿请求。2024年8月21日,最高人民法院发布《最高人民法院关于审理食品药品惩罚性赔偿纠纷案件适用法律若干问题的解释》(以下简称《解释》)。梳理食品药品惩罚性赔偿制度和相关司法政策的发展历程,有利于深刻把握司法政策精神,准确贯彻适用《解释》。

一、我国食品药品惩罚性赔偿制度的发展:不断强化生产者、经营者责任

消费惩罚性赔偿制度最早规定于消费者权益保护法,目的是打击和遏制消费欺诈行为,之后扩展到食品药品安全领域。21世纪初,随着地

---

* 原文刊载于《人民法院报》2024年8月22日。
** 中国政法大学教授。

沟油事件、三聚氰胺奶粉事件、苏丹红事件等一系列重大食品药品安全事件频繁曝出，在人民群众对食药安全问题反映强烈的大背景之下，国家开始从立法、司法、执法等层面完善相关法律法规，逐步构建起严格的食品药品安全监管体系，加强对消费者合法权益的保护，不断加大对生产者、经营者的恶意欺诈等违法行为的惩罚力度。

2009年施行的食品安全法第九十六条对于生产不符合食品安全标准的食品或者销售明知是不符合食品安全标准的食品的行为第一次作出了支付价款十倍的赔偿金的惩罚性赔偿规定。2015年修订的食品安全法第一百四十八条进一步加大了对相关行为的惩罚力度，该条第二款规定："生产不符合食品安全标准的食品或者经营明知是不符合食品安全标准的食品，消费者除要求赔偿损失外，还可以向生产者或者经营者要求支付价款十倍或者损失三倍的赔偿金；增加赔偿的金额不足一千元的，为一千元。但是，食品的标签、说明书存在不影响食品安全且不会对消费者造成误导的瑕疵的除外。"

2013年修正消费者权益保护法过程中，各方面普遍呼吁进一步强化惩罚性赔偿制度，提高惩罚性赔偿数额，加大对欺诈行为的惩罚力度。故2013年修正的消费者权益保护法第五十五条对惩罚性赔偿制度作了进一步完善，提高了惩罚性赔偿数额，加大了对经营者恶意行为的惩罚力度。该法将对经营者欺诈行为的惩罚性赔偿数额从消费者购买商品的价款或者接受服务的费用的一倍提高到三倍；同时还增加规定，"增加赔偿的金额不足五百元的，为五百元。法律另有规定的，依照其规定"。此外，增加一款，作为第二款，对经营者明知商品或者服务存在缺陷并造成消费者或者其他受害人死亡或者健康严重损害的情形作了特别规定。

2019年修订的药品管理法亦增加了惩罚性赔偿制度。该法第一百四十四条第三款规定："生产假药、劣药或者明知是假药、劣药仍然销售、使用的，受害人或者其近亲属除请求赔偿损失外，还可以请求支付价款十倍或者损失三倍的赔偿金；增加赔偿的金额不足一千元的，为一千元。"赔偿标准与食品安全法相同。从我国食品药品惩罚性赔偿制度发展情况看，惩罚性赔偿金的确定、赔偿范围的扩张都表明立法者不断强化生产者和经营者责任、加大食品药品安全保护力度的意图。

二、最高人民法院司法政策的沿革：始终以保护食品药品安全为首要价值取向

消费惩罚性赔偿制度建立后，出现了"知假买假"现象。"知假买假"并不是法律概念，人民群众通俗地把食品药品领域明知食品不符合食品安全标准或者药品是假药、劣药仍然购买并维权索赔的行为称为"知假买假"。关于是否支持"知假买假"，社会各界存在不同认识。2013年，针对我国当时食品药品安全形势，为打击和遏制违法制售食品药品行为、保护消费者权益，最高人民法院制定《最高人民法院关于审理食品药品纠纷案件适用法律若干问题的规定》。该司法解释第三条规定："因食品、药品质量问题发生纠纷，购买者向生产者、销售者主张权利，生产者、销售者以购买者明知食品、药品存在质量问题而仍然购买为由进行抗辩的，人民法院不予支持。"此后，该司法解释虽经多次修改，但均保留本条规定。该司法解释第三条使用"购买者"这一表述，明确了无论"知假买假"者主观意图为何，只要其行为外观是购买者，就可以支持其权利主张。

2014年，最高人民法院发布第23号指导性案例孙某山诉南京某超市有限公司江宁店买卖合同纠纷案。该案例裁判要点为："消费者购买到不符合食品安全标准的食品，要求销售者或者生产者依照食品安全法规定支付价款十倍赔偿金或者依照法律规定的其他赔偿标准赔偿的，不论其购买时是否明知食品不符合安全标准，人民法院都应予支持。"旨在明确消费者明知食品不符合食品安全标准而购买的，有权主张十倍惩罚性赔偿。一方面，强化对消费者权益的法律保护，激发消费者的维权意识，鼓励食品消费者积极与食品违法行为作斗争，净化食品市场环境；另一方面，能对食品违法生产经营者起到威慑作用，促使生产者、经营者加强管理，诚信经营，把食品安全和质量永远放在第一位，确保食品安全，

从而防范和减少食品纠纷的发生。

2020年,最高人民法院制定《最高人民法院关于审理食品安全民事纠纷案件适用法律若干问题的解释(一)》,对经营者明知的认定、预包装食品漏标基本信息责任、惩罚性赔偿责任不以造成消费者人身损害为前提等问题作出规定,进一步完善了适用食品安全惩罚性赔偿制度的司法政策。

从最高人民法院司法政策发展历程看,最高人民法院始终以保护食品药品安全为首要价值取向,保护消费者维权行为,充分发挥惩罚性赔偿制度对于遏制违法行为、净化食品药品市场的作用。

三、最高人民法院司法政策的新发展:构建更加科学合理的食品药品惩罚性赔偿制度

最高人民法院优先保护食品药品安全的司法政策对于保护人民群众生命健康权、净化市场环境、维护社会秩序发挥了积极作用。同时,在司法政策实施过程中也出现了新情况、新问题:一方面,有的购买人超出合理生活消费需要大额购买、连续购买、高额索赔,甚至借维权之名敲诈勒索,扰乱市场秩序,损害生产经营者合法权益;另一方面,司法实践中对相关法律和司法解释的理解和适用尚不一致,导致类案裁判不统一,未充分发挥食品药品惩罚性赔偿制度的作用,影响对生产销售伪劣产品的制裁效果,不利于促进经济社会高质量发展。

2019年5月《中共中央、国务院关于深化改革加强食品安全工作的意见》提出"对恶意举报非法牟利的行为,要依法严厉打击"。同年8月,《国务院办公厅关于促进平台经济规范健康发展的指导意见》提出,要切实保护平台经济参与者合法权益,依法打击以"打假"为名的敲诈勒索行为。同年9月,《国务院关于加强和规范事中事后监管的指导意见》也作出"依法规范牟利性'打假'和索赔行为"的规定。

针对实践中的新问题,最高人民法院于2023年11月发布食品安全惩罚性赔偿典型案例,坚持客观标准,在合理生活消费需要范围内支持购

买者提出惩罚性赔偿的诉讼请求。典型案例发布有利于消弭争议、统一规则，为保护食品安全和促进食品行业健康发展创造良好法治环境。

在典型案例基础上，《解释》进一步完善裁判规则，就保护普通消费者维权、规制恶意高额索赔、惩治违法索赔、代购人和小作坊责任、标签和说明书瑕疵认定等问题作出规定，积极构建更加科学、合理的食品药品惩罚性赔偿制度。例如，有的购买者在知道食品存在问题的情况下，短时间内对同一生产者或者经营者生产经营的同一食品多次购买、反复索赔，试图增加索赔金额。这些行为导致部分生产者或者经营者"小过担大责"，背离食品安全法、药品管理法和《最高人民法院关于审理食品药品纠纷案件适用法律若干问题的规定》等法律和司法解释规定精神。针对这一问题，《解释》第十三条规定，购买者对同一生产者或经营者的同一不符合食品安全标准的食品在短时间内多次购买后索赔的，按多次购买相同食品的总数，在合理生活消费需要范围内支持"知假买假"者惩罚性赔偿请求。《解释》第十四条规定，购买者对同一生产者或经营者的同一不符合食品安全标准的食品在短时间内多次购买并反复索赔的，对"知假买假"者只在合理生活消费需要范围内支持惩罚性赔偿请求。在认定合理生活消费需要时，应当综合考虑保质期、普通消费者通常消费习惯、购买频次等因素。《解释》将支持食品药品惩罚性赔偿请求的条件统一到"合理生活消费需要范围"这一标准之下，由人民法院根据具体情况判断"合理生活消费需要范围"，在保护食品药品安全和消费者权益的基础上，维护正常生产经营秩序，为经济社会高质量发展提供更加有力的司法保障。

适用食品药品惩罚性赔偿制度的政策目标、法律依据和政策路径[*]

谢 勇[**]

为保护食品药品安全，食品安全法和药品管理法规定了食品药品惩罚性赔偿制度。与补偿性赔偿制度以填补损失为目的不同，惩罚性赔偿制度以打击和遏制违法行为为主要目的，消费者通过惩罚性赔偿制度能够获得超过损失的赔偿金。这既为消费者维权提供了激励，一定程度上也催生了"知假买假"行为。"知假买假"者是否属于消费者、对"知假买假"者提出的惩罚性赔偿请求是否应予支持、对恶意高额索赔应如何规范，成为理论和实践中争议的问题。如果这些问题得不到有效解决，将难以充分发挥惩罚性赔偿制度保护食品药品安全和服务保障经济社会高质量发展的作用。为了正确适用法律、统一裁判规则，最高人民法院制定《最高人民法院关于审理食品药品惩罚性赔偿纠纷案件适用法律若干问题的解释》（法释〔2024〕9号，以下简称《解释》），对"知假买假"行为进行规范。

一、规范背景：司法审判面临挑战

"知假买假"是伴随我国消费惩罚性赔偿制度产生、发展而出现的现

---

[*] 原文刊载于《法律适用》2024年第9期。
[**] 最高人民法院民事审判第一庭二级高级法官。

象。关于"知假买假"者是否属于消费者、是否应当支持"知假买假"者维权索赔等问题,理论和实践中均存在争议,这给司法审判带来挑战。有效规范"知假买假"既有利于统一裁判规则,也有利于充分发挥惩罚性赔偿制度保护食品药品安全、服务保障经济社会高质量发展的作用。

(一)"知假买假"现象的产生、发展及社会评价

1. "知假买假"的内涵

"知假买假"并不是法律概念,在食品药品领域是指购买者明知食品不符合食品安全标准,或者明知药品是假药、劣药仍然购买并维权索赔的行为。"知假买假"所针对的食品药品不限于假冒产品,包括所有不符合食品安全标准的食品和假药、劣药。我国对药品的生产、销售、使用均有严格的管理制度,药品管理法对假药、劣药的认定有明确规定。全国人大常委会于2019年修订药品管理法时,删除了2015年修正的药品管理法第四十八条关于"按假药论处"和第四十九条关于"按劣药论处"的规定,假药、劣药的认定标准较为严格。因而,在实践中,针对生产、销售、使用假药、劣药提起的惩罚性赔偿诉讼较少。"知假买假"者主要针对生产、经营不符合食品安全标准的食品提起惩罚性赔偿诉讼。

2. 惩罚性赔偿制度的发展变化

1993年消费者权益保护法第四十九条对消费欺诈行为规定了"退一赔一"惩罚性赔偿责任。针对经营者欺诈消费者的行为,消费者除有权请求赔偿损失外,还有权请求增加赔偿所购买商品的价款或者接受服务费用一倍的惩罚性赔偿金,由此在消费者权益保护领域正式引入惩罚性赔偿制度。惩罚性赔偿制度让消费者能够获得超出损失的赔偿金,同时,也让购买"假货"维权可以成为"牟利"的手段。"知假买假"现象随之产生并引起社会广泛关注。虽然"知假买假"者是否属于消费者、"知假买假"的情况下是否能认定经营者构成欺诈在理论上存在争议,但鉴于"知假买假"有利于打击消费欺诈行为,实践中一直存在支持"知假买假"者维权索赔的观点。

我国在消费领域引入惩罚性赔偿制度后，其适用范围和赔偿金额均呈扩大趋势。2009年食品安全法第九十六条在食品安全领域确立了"退一赔十"惩罚性赔偿责任。对于生产不符合食品安全标准的食品或者销售明知是不符合食品安全标准的食品的行为，消费者除有权请求赔偿损失外，还有权请求生产者或经营者承担价款十倍的惩罚性赔偿责任。2015年全国人大常委会修订食品安全法时，完善了"退一赔十"的惩罚性赔偿责任，在价款十倍的基础上增加两种惩罚性赔偿金计算方法：一是损失三倍；二是最低为1000元。2013年全国人大常委会修正消费者权益保护法时，完善了消费欺诈惩罚性赔偿制度：一是提高计算惩罚性赔偿金的倍数，将购买商品的价款或者接受服务的费用的一倍提高到三倍，即将"退一赔一"提高至"退一赔三"；二是确定最低赔偿金额为500元；三是规定产品质量责任，即使经营者不存在欺诈行为，如果其明知商品或者服务存在缺陷仍向消费者提供，造成消费者或者其他受害人死亡或者健康严重损害的，应当承担惩罚性赔偿责任，赔偿金不超过损失的两倍。2019年全国人大常委会修订药品管理法时，增加了惩罚性赔偿制度，对于生产假药、劣药或者明知是假药、劣药仍然销售、使用的行为，受害人或者其近亲属有权请求"退一赔十"，惩罚性赔偿金的计算方法与食品安全法的规定一致。从我国惩罚性赔偿制度的立法发展历程来看，加强消费者权益保护、强化生产经营者责任是立法发展的趋势。

惩罚性赔偿制度适用范围的扩大和惩罚性赔偿金的提高，让"知假买假"者获得了更大激励，"知假买假"亦出现新的特点：一是"知假买假"向食品药品领域集中。相对于一般消费欺诈"退一赔三"，食品药品领域"退一赔十"能让"知假买假"者获得更高赔偿金。二是"知假买假"者购买数量越来越大，支付价款金额越来越高，每次索赔所主张的赔偿金额也越来越高。由于食品安全法第一百四十八条、药品管理法第一百四十四条规定的都是价款十倍的惩罚性赔偿责任，人民法院在适用这两条规定时不享有自由裁量权，生产经营者过错程度、造成消费者损害大小、不合格食品药品的危害性大小、违法时间长短等因素均不能决定惩罚性赔偿金额大小。赔偿金额的多少完全取决于"知假买假"者的购买数量,买得多就赔得更多,这使得有的生产经营者"小过担大责",与"过罚相当"原则相悖。"知假买假"行为的正当性因此进一步被质疑。三是"知假买假"者通过连续购买、反复索赔等方式进一步扩大赔偿金额,使"小过担大责"问题更加突出,因而有的地方开始不支持"知假买假"者维权索赔。四是网购使"知假买假"更为便捷,越来越多的人加入"知假买假"行列,甚至出现组织化、公司化特征,导致社会质疑和反对"知假买假"的声音也越来越大。

3. "知假买假"的社会评价呈两极分化

由于利益和立场、知识背景及看待问题的角度不同,社会各界对"知假买假"行为的评价呈两极分化。第一种观点认为,应当支持"知假买假"。理由是,虽然"知假买假"者的主观目的可能不是消费,但客观上有利于打击和遏制违法行为、净化市场、保护食品药品安全和消费者合法权益,没有必要予以限制。第二种观点认为,不应支持"知假买假"。理由是:在主观上,"知假买假"者的目的是牟利,不属于消费者,不应支持其提出的惩罚性赔偿请求;在客观上,"知假买假"者主要打击标签、说明书违法等非实质性危害,而且还存在恶意高额索赔、敲诈勒索现象,并没有达到保护食品药品安全和消费者合法权益的目的,反而会引发影响营商环境的担忧。这两种观点鲜明对立。

(二)关于"知假买假"的理论争议

民法理论上关于"知假买假"的争议集中于"知假买假"者是否属于消费者。何为消费者,根据消费者权益保护法第二条的规定,为生活消费需要购买、使用商品或者接受服务的属于消费者。关于"知假买假"者是否属于消费者的问题,存在三种观点:一是"知假买假"者不属于消费者。因为"知假买假"者购买食品药品的目的是牟利,而非用于生活消费。二是"知假买假"者属于消费者。因为消费者是与经营者相对应的概念。经营者购买食品的目的是再次销售。"知假买假"者并不具有再次销售的目的,不属于经营者,而属于消费者。三是"知假买假"者是否属于消费者应当具体分析。"知假买假"的范围非常广泛,有的消费者虽然知道食品不符合食品安全标准,但认为食品安全仍然愿意购买消费。例如,经营者以普通白酒假冒名酒销售,有的消费者知道所购买的"名酒"上标示的生产者名称等信息均为虚假,但因为较为便宜仍愿意购买消费,或者购买后部分用于消费、部分用于维权索赔,该行为也属于"知假买假",故不宜一概否定购买者的消费者身份。

(三) 司法审判面临的挑战

关于是否支持"知假买假"者维权索赔的问题,司法机关面临挑战。一方面,普通消费者因缺乏食品药品安全知识、法律知识,维权成本高,如果一概不支持"知假买假"者维权索赔,惩罚性赔偿制度遏制违法行为、保护食品药品安全的作用就难以充分发挥,甚至可能会让关于食品药品惩罚性赔偿的规定成为"抽屉条款";另一方面,如果完全支持"知假买假"者的维权索赔主张,又未能实现"过罚相当",让部分生产经营者"小过担大责",与立法精神相悖。因此,绝对支持"知假买假"者维权索赔或者绝对不支持"知假买假"者维权索赔,赔偿金完全由"知假买假"者的购买数量、频次、索赔次数等决定,都不是最佳的司法政策,不利于实现政治效果、法律效果、社会效果的有机统一。

二、政策目标:保护食品药品安全

为保护消费者权益,人民法院在适用食品惩罚性赔偿制度时不以造成消费者人身损害和消费者证明食品对身体健康有实质危害为要件。支持"知假买假"者提出的惩罚性赔偿请求,目的也是更好地保护食品药品安全和消费者权益,这有利于将更多违法行为纳入惩罚性赔偿制度的适用范围。同时,在适用法律时也应当贯彻"过罚相当"原则,对"知假买假"进行规范,扬其长、避其短,更好地保护食品药品安全和服务经济社会高质量发展。

（一）从有利于保护食品药品安全的角度适用惩罚性赔偿制度

1. 适用惩罚性赔偿制度不以食品造成消费者人身损害为要件

食品安全法第一百四十八条第一款规定，消费者因不符合食品安全标准的食品受到损害的，可以向生产者或经营者要求赔偿损失；第二款规定，消费者除要求赔偿损失外，还可以要求生产者或经营者承担惩罚性赔偿责任。因此，一般认为消费者因不符合食品安全标准的食品受到损害，是生产经营者承担惩罚性赔偿责任的前提条件。消费者所受损害是否限于人身损害，是否还包括财产损失等问题，在实践中曾存在不同认识。如果将消费者所受损害限于人身损害，则会极大限制"知假买假"者的维权索赔行为，同时，也会使部分普通消费者的维权行为受到限制。因为不合格食品对人体健康的损害具有潜在性、长期性，有的不符合食品安全标准的食品虽然会对消费者人身健康造成损害，但消费者未必会及时觉察，或者面临举证困难。因此，为保护消费者合法权益，司法审判将食品安全保护线适当"前移"。《最高人民法院关于审理食品安全民事纠纷案件适用法律若干问题的解释（一）》（法释〔2020〕14号）第十条规定："食品不符合食品安全标准，消费者主张生产者或者经营者依据食品安全法第一百四十八条第二款规定承担惩罚性赔偿责任，生产者或者经营者以未造成消费者人身损害为由抗辩的，人民法院不予支持。"

2. 适用惩罚性赔偿制度不以消费者证明食品对身体健康有实质危害为要件

为保护食品安全，我国制定了食品安全标准。食品安全法一方面规定生产经营不符合食品安全标准的食品应当依法承担惩罚性赔偿责任；另一方面又对食品安全作出规定。在适用法律过程中，不合格食品包括两类情形：一是不符合食品安全标准的食品；二是不安全食品，即食品会对身体健康带来实质危害。

食品安全法第一百五十条规定，食品安全是指食品无毒、无害，符合应有的营养要求，对人体健康不造成任何急性、亚急性或者慢性危害。

但食品安全标准的范围非常广泛，截至2024年3月，我国共发布1563项食品安全国家标准，涉及2.3万余项安全指标，涵盖340类食品。食品安全法第二十六条规定的食品安全标准包括八方面内容，既包括食品中的致病性微生物、污染物质以及其他危害人体健康物质的限量规定，食品添加剂的使用要求，专供婴幼儿等特定人群的食品的营养成分要求，与食品安全有关的质量要求等直接与食品安全相关的要求，也包括对与卫生、营养等食品安全要求有关的标签、标志、说明书的要求，食品生产经营过程的卫生要求等未必会直接影响食品安全的要求。

在起草《解释》的过程中，有观点认为，在适用食品安全惩罚性赔偿制度时，应当将食品安全法第一百四十八条的规定与第一百五十条的规定相结合，只有在不符合食品安全标准的食品有毒、有害，不符合应当有的营养要求，对人体健康会造成急性、亚急性或者慢性危害的情况下，生产者、经营者才应当承担惩罚性赔偿责任。由于消费者证明不符合食品安全标准的食品会对身体健康造成实质危害的难度非常大，为加强对食品安全和消费者权益的保护，《解释》并未采纳该观点。因此，适用惩罚性赔偿制度不以消费者证明食品对身体健康有实质危害为要件。

3. 充分发挥惩罚性赔偿制度保护食品药品安全的作用

从最高人民法院司法政策的发展情况看，虽然面临"知假买假"者是否属于消费者等争议，但为保护食品药品安全，司法实践仍然倾向于支持"知假买假"者维权索赔行为。2013年《最高人民法院关于审理食品药品纠纷案件适用法律若干问题的规定》（法释〔2013〕28号）第三条规定："因食品、药品质量问题发生纠纷，购买者向生产者、销售者主张权利，生产者、销售者以购买者明知食品、药品存在质量问题而仍然购买为由进行抗辩的，人民法院不予支持。"本条司法解释使用"购买者"这一表述，明确了无论"知假买假"者主观意图为何，只要其行为外观是购买，就可以支持其权利主张。2014年最高人民法院发布第23号指导性案例孙某山诉南京某超市有限公司江宁店买卖合同纠纷案，该案例裁判要点为："消费者购买到不符合食品安全标准的食品，要求销售者或者生产者依照食品安全法规定支付价款十倍赔偿金或者依照法律规定的其他赔偿标准赔偿的，不论其购买时是否明知食品不符合安全标准，人民法院都应予支持。"无论是司法解释还是指导性案例，司法实践均倾向于支持"知假买假"者的维权索赔行为，目的是在普通消费者维权成本高、维权意愿低的情况下，充分发挥"知假买假"者打击和遏制违法制售食品药品行为的作用，保护人民群众"舌尖上的安全"。《解释》仍然延续了之前的司法政策，在合理生活消费需要范围内对"知假买假"者维权索赔行为依法予以支持，政策目标就是发挥"知假买假"者在打击遏制违法行为、保护食品药品安全方面的作用。

（二）对"知假买假"扬长避短

"知假买假"者的行为动机具有复杂性，可兼具消费、维权、索赔等多重目的。"知假买假"者可能超出合理生活消费需要大量购买食品，以达到高额索赔的目的，此类购买行为与普通消费者的购买行为存在明显差异。根据购买食品数量决定赔偿金额易导致"知假买假"者利用现有规则大量购买、高额索赔。如果对"知假买假"不加规范，赔多少完全取决于"知假买假"者的购买行为，会导致部分生产者、经营者"小过担大责"，有违"过罚相当"原则，与食品安全法等法律的立法精神相违背。因此，需要对"知假买假"行为进行规范，抑制"知假买假"的消极作用。

有观点认为，让"知假买假"者大额索赔，由违法生产者、经营者承担"天价"赔偿金，有利于打击违法行为，因此，没有必要规范"知假买假"。如前文分析，司法审判为保护食品安全，已将食品安全防线"前移"。人民法院适用惩罚性赔偿制度，不以食品造成消费者人身损害为要件，也不以消费者证明食品对身体健康有实质危害为要件。因此，惩罚性赔偿制度适用的违法行为非常广泛，既包括严重的违法行为，也包括相对轻微的违法行为。如果对所有的违法行为都支持"知假买假"者提出的"天价"赔偿请求，让生产者、经营者一次犯错就彻底退出市场,不仅与立法精神相悖,而且会极大增加食品的供给成本,进而增加消费者购买食品的成本。

惩罚性赔偿责任的特点是"罚"。"罚"是手段而不是目的,应当坚持"过罚相当"原则。立法规定惩罚性赔偿制度的目的是遏制违法行为,让违法生产者、经营者在承担适当的惩罚性赔偿责任后停止违法行为,将有害供给转变为有效供给,就能实现适用惩罚性赔偿制度的目的。对于严重违法行为,并非仅依靠"知假买假"进行惩罚。除惩罚性赔偿责任外,违法行为人还应当依法承担行政责任和刑事责任。这两项责任对违法行为的打击力度,比惩罚性赔偿责任更强。最高人民法院司法政策的目标是既要发挥"知假买假"者善于发现违法线索、收集固定违法行为的证据的积极作用,为食品药品安全提供更加有力的保障,又要抑制其恶意高额索赔带来的"副作用",让"知假买假"扬长避短。

三、法理依据:以生活消费需要为要件

从食品安全法第一百四十八条等法律规定的文义、精神、适用场景看,惩罚性赔偿制度适用的前提是消费者维权。一概否定"知假买假"者消费者身份或者一律确认"知假买假"者消费者身份都不正确。《解释》确定了对所有购买者均在普通消费者生活消费需要范围内支持惩罚性赔偿请求的裁判规则,"知假买假"者对其购买数量未超出合理生活消费需要部分,有权主张惩罚性赔偿金。

(一)生活消费是适用惩罚性赔偿制度的法定要件

根据食品安全法第一百四十八条的规定,消费者有权请求生产者或经营者承担惩罚性赔偿责任。根据药品管理法第一百四十四条的规定,生产假药、劣药或者明知是假药、劣药仍然销售、使用的,受害人或者其近亲属有权请求生产者或经营者承担惩罚性赔偿责任。因此,购买者因生活消费需要购买的药品是假药、劣药的,有权请求生产者或经营者支付惩罚性赔偿金。在实践中,对于消费者有权请求生产者或经营者承

担惩罚性赔偿责任并无争议，认定消费者的标准是其购买食品药品是否为生活消费需要。在起草《解释》过程中，关于购买者为家庭消费需要购买食品药品是否可请求生产者或经营者承担惩罚性赔偿责任的问题，存在不同认识。鉴于人民群众以家庭为生活消费单位是生活的常态，《解释》第一条第一款规定："购买者因个人或者家庭生活消费需要购买的食品不符合食品安全标准，购买后依照食品安全法第一百四十八条第二款规定请求生产者或者经营者支付惩罚性赔偿金的，人民法院依法予以支持。"第十条规定："购买者因个人或者家庭生活消费需要购买的药品是假药、劣药，依照药品管理法第一百四十四条第三款规定请求生产者或者经营者支付惩罚性赔偿金的，人民法院依法予以支持。"

"知假买假"者恶意高额索赔与立法精神不符。有观点认为，"知假买假"者恶意高额索赔有利于打击违法行为，不应当对其作出规范。这一观点与立法精神不符。以食品安全惩罚性赔偿责任为例，一方面，食品安全法第一百四十八条规定，惩罚性赔偿制度适用的前提是消费者购买不符合食品安全标准的食品。在明知食品不符合食品安全标准的情况下，超出合理生活消费需要购买食品的，对于超出部分，无论按主观动机标准还是按客观需要标准来评判，都不属于"消费行为"。另一方面，食品安全法第一百四十八条第二款规定了三种惩罚性赔偿金计算方法：一是消费者支付价款的十倍；二是消费者受到损失的三倍；三是最低1000元。计算惩罚性赔偿金时，以价款为基数与以损失为基数相比，相乘的倍数大得多。这说明本条规定设定的场景是，生活中消费者为生活消费需要购买食品的数量通常不大，所支付的价款通常也不多。在明知食品不符合食品安全标准的情况下，为了获取高额赔偿金，超出合理生活消费需要大量购买食品，与食品安全法第一百四十八条第二款规定的立法精神不相符。

将支持普通消费者和"知假买假"者提出的惩罚性赔偿请求统一到生活消费需要这一条件下，有利于统一裁判规则，也在理论上解决了惩罚性赔偿责任的构成要件问题。普通消费者为个人和家庭生活消费需要购买食品，数量本来就不大。"知假买假"者的主观动机不易判定，以普通消费者合理生活消费需要为限支持其惩罚性赔偿请求，能够实现对恶意高额索赔行为的规范。因此，《解释》确定了对所有购买者均在普通消费者的生活消费需要范围内支持惩罚性赔偿请求的裁判规则。

(二)"知假买假"者与消费者的关系

"知假买假"中的"假"是指食品不符合食品安全标准或者药品属于假药、劣药，而非仅指"假货"。不符合食品安全标准的食品范围非常广泛。因此，"知假买假"所指向的购买行为也非常广泛，"知假买假"者购买不符合食品安全标准的食品或者假药劣药时，其动机可能各有不同，情况较为复杂。例如，《食品安全国家标准 预包装食品标签通则》(GB 7718—2011) 第4.1.6.3条规定："进口预包装食品应标示原产国国名或地区区名（如香港、澳门、台湾），以及在中国依法登记注册的代理商、进口商或经销者的名称、地址和联系方式，可不标示生产者的名称、地址和联系方式。"有的进口红酒、巧克力等预包装食品未按规定标示相关信息，但有的消费者仍愿意购买用于消费，或者部分用于消费、部分用于维权索赔。因此，"知假买假"者也可能是消费者。完全否定"知假买假"者请求生产者或经营者承担惩罚性赔偿责任的权利，与立法精神不符。

(三) 在合理生活消费范围内支持"知假买假"者惩罚性赔偿请求

主观动机具有隐蔽性、复杂性、易变性。对于"知假买假"者的购买行为，如果一概按照其主观动机来判断购买行为是否属于"消费行为"，判断难度大，且容易导致裁判尺度不统一。采用客观标准来认定"消费行为"，既具有法理依据，也有利于统一裁判尺度。在认定"知假买假"者的购买行为是否属于"消费行为"时，可作如下区分：一是购买数量未超出合理生活消费需要的，可认定其行为属于"消费行为"，应当以其实际支付价款金额为基数，计算价款十倍的惩罚性赔偿金；二是购买数量超出合理生活消费需要的，对行为性质应当区别情形作出认定。购买数量未超出合理生活消费需要的部分，按"消费行为"予以保护，依法支持其提出的惩罚性赔偿请求。购买数量超出合理生活消费需要的部分，不属于"消费行为"，不支持其惩罚性赔偿请求。

四、政策路径：坚持系统治理

治理食品药品市场是一项系统工程。规范"知假买假"，应当在食品药品安全治理体系中明确其定位，做好各类治理手段的衔接，形成法治合力。如果将"知假买假"视为治理食品药品市场的唯一手段，关于规范"知假买假"的认识就会出现偏差。规范"知假买假"应以保护食品药品安全为目标，以贯彻"过罚相当"为原则，以规范恶意高额索赔和违法索赔为手段。规范"知假买假"既不影响购买者通过投诉举报等途径依法"打假"，也不影响全面赔偿购买者所受到的损失。因此，将规范"知假买假"等同于降低打击违法行为力度，是不正确的。

（一）适用食品药品惩罚性赔偿制度应当坚持系统观念

治理食品药品市场是一项系统工程。这一系统工程主要包括以下五个方面：一是刑事制裁。刑法第一百四十三条对生产、销售不符合安全标准的食品罪的惩罚作出规定，第一百四十四条对生产、销售有毒、有害食品罪的惩罚作出规定。刑法第一百四十一条、第一百四十二条和第一百四十二条之一还专门对生产、销售、提供假药罪，生产、销售、提供劣药罪，妨害药品管理罪的惩罚作出规定，对于极端严重的犯罪行为，可依法判处犯罪分子死刑。二是行政监管。食品安全法、药品管理法就责令召回食品药品、对违法行为人予以罚款、拘留、没收违法所得和违法生产经营的食品药品、食品添加剂以及用于违法生产经营的工具、设备、原料等物品作出规定。三是公益诉讼。根据民事诉讼法第五十八条的规定，对侵害众多消费者合法权益等损害社会公共利益的行为，法律规定的机关和有关组织可以向人民法院提起诉讼。人民检察院在履行职责中发现食品药品安全领域侵害众多消费者合法权益等损害社会公共利益的行为，在没有第五十八条第一款规定的机关和组织或者第一款规定的机关和组织不提起诉讼的情况下，可以向人民法院提起诉讼。四是舆论监督。新闻媒体发现违法制售食品药品行为的，有权依法曝光违法行为。五是群众监督。人民群众在权益受到损害的情况下，除了有权请求生产者或经营者承担包括惩罚性赔偿责任在内的民事责任，还可以投诉举报，打击遏制违法生产经营行为。

保护食品药品安全的手段各有特点，关键是要形成合力。刑事制裁针对犯罪行为的打击力度大但制裁范围有限。行政监管见效快，但受行政监管资源约束，很难全面查处食品药品市场中所有违法行为。消费公益诉讼的实施效果目前较为有限。消费者权益保护组织提起的食品药品安全民事公益诉讼数量较少。检察机关提起的主要是刑事附带民事公益诉讼，对于大量未进入刑事程序的违法行为，规制作用亦有限。群众监督包括普通消费者维权和"知假买假"者维权索赔两方面。普通消费者缺乏相应的法律知识和食品药品安全知识，维权成本较高，其权益受到损害后向生产者、经营者追责的概率不高，很多情况下都是暗吃"哑巴亏"。"知假买假"者具有善于发现违法线索的优势，但也具有恶意高额索赔的"副作用"。规范"知假买假"，保护食品药品安全，应当坚持系统思维，让"知假买假"者扬长避短，在发挥其打击遏制违法生产经营食品药品行为作用的同时，充分利用其在维权索赔中发现的违法线索，通过民事审判与行政监管、刑事处罚的衔接机制，加大对严重违法生产经营行为的打击力度，形成法治合力。

（二）适用食品药品惩罚性赔偿制度是贯彻"过罚相当"原则的重要环节

"过罚相当"原则是处罚违法行为的基本原则。"过罚相当"是指对于严重违法行为采取重惩罚措施，对于轻微违法行为采取轻惩罚措施，违法行为人承担的责任大小应当与其过错程度、行为危害大小、违法情节轻重、获得利益大小等相适应。"过罚相当"中的"罚"包括违法行为受到的全部惩罚，既包括民事责任中的惩罚性赔偿，也包括行政责任中的行政处罚和刑事责任中的刑事处罚。

在合理生活消费需要范围内支持"知假买假"者提出的惩罚性赔偿请求，在客观上起到了让违法生产者、经营者承担"适当"惩罚性赔偿责任的后果。在此基础上，对于严重的违法行为，还应当发挥行政处罚和刑事处罚的作用。《解释》第十七条规定："人民法院在审理食品药品纠纷案件过程中，发现当事人的行为涉嫌生产、销售有毒、有害食品及假药、劣药，虚假诉讼等违法犯罪的，应当及时将有关违法犯罪线索、材料移送有关行政机关和公安机关。"通过移送违法犯罪线索、材料，依法追究行政责任和刑事责任，加大惩治力度，实现对轻责者轻罚、重责者重罚的效果。

（三）适用食品药品惩罚性赔偿制度以有效遏制违法行为为目标

1. 对于"不知悔改"的违法生产经营者可多次索赔

有的"知假买假"者为获得高额赔偿金，一次大量购买而获得高额索赔；有的连续多次购买，一次性起诉但要求对每次购买分别计算赔偿金；有的连续多次购买，分别起诉，要求分别计算惩罚性赔偿金。对以上行为，《解释》均坚持在合理生活消费需要范围内支持惩罚性赔偿请求，"知假买假"者不会因为采取不同的诉讼策略而获得更大的利益。但有一种情况例外，如果人民法院已经支持"知假买假"者提出的惩罚性赔偿请求，生产者、经营者并未吸取教训，继续生产经营相同不符合食品安全标准的食品，"知假买假"者有权再次购买不符合食品安全标准的食品并索赔，直到违法生产经营行为得到有效遏制、惩罚性赔偿制度的目的实现为止。

2. 通过司法建议从根源上解决食品药品安全问题

"知假买假"者在食品药品安全治理体系中的优势是善于发现违法线

索。"知假买假"者起诉后,人民法院在司法审判中发现某一领域具有普遍性、典型性的食品药品安全问题时,根据《解释》第十八条规定,可以向有关行政机关、生产者或者经营者发出司法建议,从根源上解决食品药品安全问题,实现"办理一案,治理一片"的效果。

(四)规范"知假买假"不影响全面赔偿购买者所受损失

"退一赔十"责任中,"退一"是补偿性赔偿责任,以弥补损失为主要目的;"赔十"是惩罚性赔偿责任,以打击和遏制违法行为为主要目的。规范"知假买假"主要是规范通过大量购买恶意提高"赔十"惩罚性赔偿金的行为,对于"退一"责任不作限制。《解释》第二条第一款规定:"购买者明知所购买食品不符合食品安全标准或者所购买药品是假药、劣药,购买后请求经营者返还价款的,人民法院应予支持。"

(五)规范"知假买假"不限制购买者依法"打假"

"知假买假"是购买者明知食品不符合食品安全标准或者药品是假药、劣药仍然购买并维权索赔的行为。有的"打假人"并不以牟利为目标,发现不符合食品安全标准的食品或者假药、劣药后,通过投诉举报等方式,打击和遏制违法行为。规范"知假买假"并非限制购买者依法"打假",不影响其依法向有关机关投诉举报。有人认为,规范"知假买假"减轻了"打假"力度,不利于保护食品药品安全。这一观点是不正确的,既没有看到规范"知假买假"与依法保护"打假"的关系,也没有看到治理食品药品安全问题是一项系统工程,需要多措并举。

(六)规范"知假买假"应惩治违法索赔

违法索赔已超出"知假买假"的范畴。"知假买假"的前提是生产者、经营者存在违法生产经营不符合食品安全标准的食品或者假药、劣药的行为。先有"制假售假",再有"知假买假"。但在实践中,极个别购买者在生产者、经营者合法经营的情况下,为谋取非法利益,恶意制造生产者、经营者违法生产经营食品药品的假象,违法向生产者或经营者索取赔偿金。此类索赔行为属于违法行为,有的涉嫌敲诈勒索、虚假诉讼等犯罪,是依法惩治的对象。根据《解释》第十五条和第十六条的规定,人民法院对此类行为应采取以下措施:一是驳回诉讼请求;二是依法予以罚款、拘留;三是依法支持生产者或经营者请求购买者承担损害赔偿责任的主张;四是向公安机关移送违法犯罪线索、材料。

有人认为,消费者的食品安全知识和法律知识不足,难以识别或判断什么情况构成"假象",惩治违法索赔可能让消费者维权面临法律风险,这一观点并不正确。根据《解释》第十五条和第十六条的规定,违法索赔的认定标准是"购买者恶意制造生产者或者经营者违法生产经营食品、药品的假象"。"假象"本来就是购买者恶意制造的,不存在其不能识别或者判断"假象"的问题。

食品安全惩罚性赔偿典型案例

（最高人民法院2024年8月21日发布）

案例一 销售假冒伪劣减肥食品应依法承担惩罚性赔偿责任
——崔某诉杨某产品责任纠纷案

案例二 公司销售虚构生产厂家的预包装食品后被股东恶意注销的，股东应依法承担惩罚性赔偿责任
——刘某诉钟某信息网络买卖合同纠纷案

案例三 经营者主张购买者"知假买假"，应承担举证责任
——曾某诉赵某产品责任纠纷案

案例四 小作坊制售安全无害但未标明生产日期和保质期的散装食品，不承担惩罚性赔偿责任
——陆某诉某酱菜坊产品责任纠纷案

案例一

销售假冒伪劣减肥食品应依法承担惩罚性赔偿责任
——崔某诉杨某产品责任纠纷案

基本案情

2023年8月29日，崔某在与杨某通过微信联系达成购买某咖啡减肥

食品的合意后，向杨某支付价款 800 元。崔某食用后认为减肥效果好，于 2023 年 9 月 9 日再次向杨某购买 2160 元的上述产品。该产品外包装显示生产者为某生物科技公司、生产日期为 2023 年 5 月。某生物科技公司于 2022 年 9 月作出声明，该公司已于 2019 年 11 月注销生产许可证并停止生产任何产品，2020 年以来网上不断出现仿冒该公司名称等信息的非法食品。案涉食品标示的生产者、生产日期均为虚假。崔某服用一段时间后出现口渴、头晕等症状，发现该减肥食品属于假冒伪劣产品，遂起诉请求杨某退还价款并支付价款十倍的赔偿金。

裁判结果

审理法院认为，食品安全法第三十四条第十项规定，禁止生产经营标注虚假生产日期、保质期或者超过保质期的食品、食品添加剂。杨某销售标示虚假生产厂家、生产日期的假冒伪劣食品，违反法律规定。依照《最高人民法院关于审理食品安全民事纠纷案件适用法律若干问题的解释（一）》第六条第二项的规定，杨某无法提供合法进货来源，属于经营明知是不符合食品安全标准的食品。食品安全法第一百四十八条第二款规定："生产不符合食品安全标准的食品或者经营明知是不符合食品安全标准的食品，消费者除要求赔偿损失外，还可以向生产者或者经营者要求支付价款十倍或者损失三倍的赔偿金；增加赔偿的金额不足一千元的，为一千元。但是，食品的标签、说明书存在不影响食品安全且不会对消费者造成误导的瑕疵的除外。"杨某向崔某销售明知是不符合食品安全标准的食品。故判决杨某退还价款并支付价款十倍的赔偿金。

典型意义

随着经济社会高质量发展，人民群众更加注重生活质量，追求身体健康、形体美好。商家瞄准人民群众这一需求，推出了减肥胶囊、瘦身咖啡、减脂黑茶等一系列减肥瘦身保健食品。少数不诚信经营者销售标示虚假生产者和生产日期的假冒伪劣食品，侵害广大消费者权益，给人民群众生命健康带来风险隐患，应予打击。本案依法判决明知食品标示虚假生产厂家和生产日期仍然销售的经营者承担惩罚性赔偿责任，有利于打击和遏制制售假冒伪劣保健食品的违法行为，保护广大消费者合法权益。

案例二

公司销售虚构生产厂家的预包装食品后被股东恶意注销的，股东应依法承担惩罚性赔偿责任
——刘某诉钟某信息网络买卖合同纠纷案

基本案情

刘某于2021年5月5日在某酒业公司网店购买某白酒20件，共支付价款7173元。案涉白酒标签记载有生产许可证号、生产厂家等商品信息，但标示的生产厂家和生产许可证号均为虚构。刘某遂起诉请求某酒业公司承担"退一赔十"责任，并请求该酒业公司的唯一自然人股东钟某承担连带赔偿责任。本案诉讼过程中，钟某拒接法院电话，将设立网店时预留的实名制手机号停机，并以"决议解散"为由将某酒业公司注销。

裁判结果

审理法院认为，刘某提供的证据可以证明其通过网络购物形式向某酒业公司购买案涉白酒，双方形成买卖合同关系。案涉白酒作为预包装食品，其标签标示的生产厂家及生产许可证号均为虚构，属于不符合食品安全标准的食品。某酒业公司已被其唯一自然人股东钟某注销。故判决钟某向刘某退还价款并支付价款十倍的赔偿金。

典型意义

本案是一起销售"黑作坊"食品引发的维权纠纷。案涉白酒作为预包装食品,其标签应如实记载生产者的名称、生产许可证号等信息,但案涉白酒标签标示上述基本信息均属虚构,会对消费者造成误导,且影响食品安全,不属于标签瑕疵。钟某销售标示虚假生产厂家的预包装食品,导致消费者无法向生产者索赔。纠纷发生后,钟某恶意注销公司、将手机停机,恶意逃避责任,增加消费者维权成本。审理法院在查明事实后,根据食品安全法、公司法等法律规定,判令由钟某承担法律责任,体现了人民法院严厉打击不诚信经营者逃避食品安全责任的鲜明态度和坚定决心,对企图实施类似行为的经营者具有教育警示作用。

案例三

经营者主张购买者"知假买假",应承担举证责任
——曾某诉赵某产品责任纠纷案

基本案情

曾某于2022年7月10日通过微信向赵某购买减肥食品1套,当天支付价款580元。之后,曾某又于2022年8月8日向赵某购买该减肥食品6套,于2022年8月29日向赵某购买该减肥食品20套,后两次共计转账支付11000元。赵某收款后,向曾某邮寄其购买的减肥食品。曾某在服用购买的第三批减肥食品后,出现不适症状,遂怀疑该减肥食品存在质量问题。曾某与赵某沟通,要求赵某退还价款并支付价款十倍的赔偿金。赵某仅同意退还未食用的减肥食品的价款,并补偿3000元。双方协商未果,曾某诉至法院,请求赵某退还价款并支付价款十倍的赔偿金。经鉴定,曾某第三次购买的减肥食品中含有我国禁止使用的盐酸西布曲明。

庭审中，赵某辩称曾某短时间内多次大量购入案涉减肥食品不符合常理，系"知假买假"，不应支持其惩罚性赔偿请求。

裁判结果

审理法院认为，曾某分三次合计从赵某处购买减肥食品27套，虽然数量稍多，但评判其是否为"知假买假"的购买者，不能仅仅根据所购买食品的数量来认定，应当结合其购买食品的用途、频率等因素综合判断。曾某自述所购减肥食品用于自己和家人服用，对购买数量已作合理说明，且在购买案涉食品后多次通过微信与赵某沟通服用产品后的感受和状况，足以证实其购买目的是用于生活消费。赵某认为曾某"知假买假"，购买减肥食品数量较多，违背常理，主观动机不是为了生活所需，不符合消费者的主体身份，但并未举示证据证实曾某购买案涉产品系用于交易牟利或有其他目的，故对其主张不予支持。曾某第三次购买的食品没有标签标示食品信息，且经检验含有国家明确禁止使用的成分盐酸西布曲明，不符合食品安全标准。故判决赵某向曾某退还价款、支付价款十倍的赔偿金。

典型意义

购买到不符合食品安全标准的食品，购买者有权依据食品安全法第一百四十八条第二款规定主张惩罚性赔偿。生产者或者经营者主张购买者"知假买假"的，应当承担举证责任。在认定购买者是否属于"知假买假"时，不应仅以购买者购买数量作为唯一评判标准，而应当依据案件具体情况作出认定。本案中，曾某先购买1套减肥食品试用后，第二次和第三次增加购买数量，与家人共用，符合情理。且曾某已对购买减肥食品的数量作出合理解释。赵某销售的减肥食品不符合食品安全标准，不能证明曾某"知假买假"，曾某系因个人和家庭生活消费需要购买案涉食品，故应当以曾某实际支付价款为基数计算惩罚性赔偿金。

案例四

小作坊制售安全无害但未标明生产日期和保质期的散装食品，不承担惩罚性赔偿责任
——陆某诉某酱菜坊产品责任纠纷案

基本案情

2022年8月10日，陆某在某酱菜坊购买2只酱板鸭、2斤青梅酒、1斤风湿酒，通过微信支付价款290元，并要求将食品包装后邮寄到陆某指定的地址。2022年8月22日，陆某再次在微信上向某酱菜坊购买10只酱板鸭、1斤青梅酒，并通过微信转账支付价款430元，要求某酱菜坊通过快递邮寄食品。陆某收货后，认为某酱菜坊出售的食品包装没有标示生产日期和保质期等信息，违反食品安全法第六十七条和第一百二十五条规定，并依据该法第一百四十八条第二款规定起诉请求某酱菜坊支付价款十倍的惩罚性赔偿金。当地行政主管部门将某酱菜坊纳入食品生产加工小作坊管理范围。某酱菜坊辩称，不同意支付价款十倍的赔偿金，其经营的食品生产加工小作坊有卫生许可证，生产的产品没有质量问题，安全无害。

裁判结果

审理法院认为，陆某第一次在某酱菜坊店内现场购买案涉散装食品，对案涉食品系散装食品是明知的。某酱菜坊根据陆某要求，将案涉散装食品进行包装并邮寄，该包装行为并不改变案涉食品属于散装食品的事实。某酱菜坊出售的散装食品不适用《食品安全国家标准 预包装食品标签通则》的规定。故判决驳回陆某关于支付价款十倍惩罚性赔偿金的诉讼请求。

典型意义

食品生产加工小作坊、食品摊贩制售散装食品，既方便人民群众生活，又解决就业需求，繁荣市场经济。对于依法诚信经营的食品生产加工小作坊、食品摊贩应当依法予以保护。食品安全标准对预包装食品和散装食品作出不同规定。散装食品不适用《食品安全国家标准 预包装食品标签通则》的规定。在制售的散装食品安全无害的情况下，不宜仅以食品生产加工小作坊、食品摊贩制售的散装食品没有标签或者未标明生产日期、保质期等信息就判决其承担惩罚性赔偿责任。本案较好兼顾了保护食品安全与保护食品生产加工小作坊、食品摊贩合法权益，对于办理同类案件具有指导意义。

【涉产品质量专题】

最高人民法院关于发布涉产品质量典型案例的新闻发布稿

质量兴则经济兴，质量强则百业强。质量是人类生产生活的重要保障，既关系人民群众切身利益，也关乎经济社会高质量发展大局。党的十八大以来，在以习近平同志为核心的党中央坚强领导下，我国质量事业实现跨越式发展，质量强国建设取得历史性成效，人民群众质量获得感显著增强。习近平总书记指出，"质量体现着人类的劳动创造和智慧结晶，体现着人们对美好生活的向往"①，"必须更好统筹质的有效提升和量的合理增长，始终坚持质量第一、效益优先，大力增强质量意识，视质量为生命，以高质量为追求"②。这为我们做好质量工作提供了明确指引。2023年2月，中共中央、国务院印发《质量强国建设纲要》，明确建设质量强国是推动高质量发展、促进我国经济由大向强转变的重要举措，是满足人民美好生活需要的重要途径。

最高人民法院坚持以习近平新时代中国特色社会主义思想为指导，贯彻落实习近平法治思想，坚持以人民为中心，通过制定司法解释和司法政策、发布典型案例等方式明确产品质量责任，助力提升产品质量水平，保护人民群众生命财产安全，服务经济社会高质量发展。2013年12月，制定《最高人民法院关于审理食品药品纠纷案件适用法律若干问题

---

① 《习近平向第二届中国质量（上海）大会致贺信》，载《人民日报》2017年9月16日。
② 习近平：《开创我国高质量发展新局面》，载《求是》2024年第12期。

的规定》，对食品药品质量安全、赠品质量责任等问题作出规定。2020年12月，制定《最高人民法院关于审理食品安全民事纠纷案件适用法律若干问题的解释（一）》，对生产经营者标签责任、首负责任制、平台经营者责任等作出规定，守护人民群众"舌尖上的安全"。2022年3月，制定《最高人民法院关于审理网络消费纠纷案件适用法律若干问题的规定（一）》，对七日无理由退货制度的适用、电子商务平台经营者责任、网络直播营销平台责任、外卖餐饮质量安全等问题作出规定，加强数字经济背景下商品、服务质量的司法保障。2022年12月，制定《最高人民法院关于为促进消费提供司法服务和保障的意见》，依法惩治生产销售假种子、假化肥、假农药等违法犯罪行为。2024年8月，制定《最高人民法院关于审理食品药品惩罚性赔偿纠纷案件适用法律若干问题的解释》，保护食品药品安全和消费者合法权益，服务和保障经济社会持续健康发展。最高人民法院还发布消费者权益保护典型案例、网络消费典型案例、"农资打假"典型案例、涉未成年人食品安全司法保护典型案例、食品安全惩罚性赔偿典型案例等，切实维护消费者等各类主体合法权益，助力质量强国建设。

为全面贯彻党的二十大和二十届二中、三中全会精神，落实《质量强国建设纲要》部署，继续做好质量提升的司法服务保障工作，依法保护消费者、农村承包经营户等各类主体合法权益，最高人民法院从全国法院征集的案例中精选出6件涉产品质量典型案例，在2024年9月全国"质量月"期间发布，涉及食品安全保护、农资产品质量保护、支持行政机关依法行使质量监管权、保护缺陷产品受害人权利等方面。此次发布的典型案例有以下四个特点。

一是贴近群众生产生活。此次发布的案例中，案例一和案例五涉及烟花爆竹质量和食品质量安全等生活消费中的质量安全问题，案例二、案例三和案例四涉及"假化肥""假种子""问题农机"等农村农业生产经营中的产品质量问题，案例六涉及"问题空调"引发火灾导致的安全生产经营事故问题。这些都是人民群众在生活消费、农业生产、商业经营中常遇到的质量安全问题。典型案例通过发挥规范、引导功能，在全社会树立"质量第一"的观念，依法保护生产、流通、消费各环节、全流程的产品质量安全。

二是压实生产经营者责任。此次发布的典型案例既涉及民事法律责任的承担，也涉及刑事法律责任和行政法律责任的承担，既涉及食品等消费领域的产品质量责任，也涉及种子、化肥、农机等生产领域的产品质量责任。案例五谢某生产、销售不符合安全标准的食品案，明确了制售不符合安全标准的食品构成犯罪的，应依法承担刑事责任的裁判规则。违反产品质量法等法律规定，生产经营不合格产品甚至有毒有害产品，不仅要承担民事赔偿责任，情节恶劣、后果严重的，还要受到行政处罚和刑事制裁。

三是加强受害人权益保护。案例一奶某某诉某烟花爆竹专营店产品责任纠纷案明确了非直接购买缺陷产品的受害人有权依法请求生产者、销售者承担赔偿责任的裁判规则。根据消费者权益保护法第四十条第二款规定，因商品缺陷造成人身、财产损害的，除了与经营者有合同关系的消费者有权请求生产者或者经营者赔偿损失外，其他受害人亦有权请求赔偿损失，经营者以与受害人不存在合同关系为由提出的免责抗辩不能成立。案例六某奶粉店诉某空调股份有限公司产品责任纠纷案明确，存在质量缺陷的空调造成损失的，除销售者外，受害人可直接请求生产者承担赔偿责任。近年来，因电动自行车、家用电器等产品存在质量缺陷引发的火灾事故屡见报端。发挥典型案例规范引导作用，可以促使生产者加强质量管控，保护广大人民群众的生命财产安全。

四是服务保障"三农"发展。查处假冒伪劣农资，对于维护农民权益、夯实农业基础、推进乡村全面振兴具有重要意义。此次发布的案例中有3件涉及化肥、种子、农机等农资质量保护。案例二敬某诉某生物科技有限公司、魏某产品责任纠纷案，明确销售有效成分与包装标识严重不符的化肥构成消费欺诈的，应承担惩罚性赔偿责任；案例三某种子商场诉某县农业农村局行政处罚案，明确经营者销售假种子的，行政机关有权依法采取没收、罚款等行政处罚措施。案例四檀某某诉某农业机械销售有限公司产品责任纠纷案，明确经营者对于农机存在缺陷造成的损害不因产品过保修期而免责的裁判规则。产品过保修期后，生产经营者不再承担保修责任，但仍然应当依法对产品缺陷造成的损害承担赔偿责任。销售假冒伪劣农药、化肥、种子等行为，严重危害农业生产安全，人民法院将依法予以严厉打击，防范遏制坑农害农行为。

下一步，最高人民法院将继续加强对涉产品质量案件的审判指导，与相关行政主管部门加强沟通协作，为深入实施质量强国建设、提升产品质量水平、实现经济社会高质量发展提供更加有力的司法服务和保障。

涉产品质量典型案例

（最高人民法院2024年9月29日发布）

案例一　非直接购买缺陷产品的受害人有权依法请求生产者、销售者承担赔偿责任
　　　　——奶某某诉某烟花爆竹专营店产品责任纠纷案

案例二　销售有效成分含量与包装标识严重不符的化肥构成消费欺诈的，应承担惩罚性赔偿责任
　　　　——敬某诉某生物科技有限公司、魏某产品责任纠纷案

案例三　经营者销售假种子未尽质量查验义务应担责
　　　　——某种子商场诉某县农业农村局行政处罚案

案例四　经营者对于产品存在缺陷造成的损害不因产品过保修期而免责
　　　　——檀某某诉某农业机械销售有限公司产品责任纠纷案

案例五　制售不符合安全标准的食品构成犯罪的，应依法承担刑事责任
　　　　——谢某生产、销售不符合安全标准的食品案

案例六　空调产品生产者对于产品缺陷造成损失应承担赔偿责任
　　　　——某奶粉店诉某空调股份有限公司产品责任纠纷案

案例一

非直接购买缺陷产品的受害人有权依法请求生产者、销售者承担赔偿责任
——奶某某诉某烟花爆竹专营店产品责任纠纷案

基本案情

2021年1月,奶某某的亲戚伍某某从某烟花爆竹专营店处购买了一批烟花爆竹。燃放过程中,其中一箱爆竹出现侧面喷射及倾倒现象,导致奶某某以及在场多人受伤。奶某某右脚被炸伤,送至医院住院治疗,住院四十九日。因赔偿事宜协商未果,奶某某遂起诉要求某烟花爆竹专营店赔偿其医疗费、护理费、营养费、伙食补助费、交通费等共计14万余元。

裁判结果

审理法院认为,产品质量法第十三条规定:"可能危及人体健康和人身、财产安全的工业产品,必须符合保障人体健康和人身、财产安全的国家标准、行业标准;未制定国家标准、行业标准的,必须符合保障人体健康和人身、财产安全的要求。禁止生产、销售不符合保障人体健康和人身、财产安全的标准和要求的工业产品。具体管理办法由国务院规定。"第四十三条规定:"因产品存在缺陷造成人身、他人财产损害的,受害人可以向产品的生产者要求赔偿,也可以向产品的销售者要求赔偿。属于产品的生产者的责任,产品的销售者赔偿的,产品的销售者有权向产品的生产者追偿。属于产品的销售者的责任,产品的生产者赔偿的,产品的生产者有权向产品的销售者追偿。"国家标准《烟花爆竹安全与质量》(GB 10631—2013)明确规定烟花爆竹在燃放时不应产生倾倒,应符合发射偏斜角的要求。本案中,案涉烟花在燃放时存在侧面喷射和倾倒

现象，不符合国家标准，具有质量缺陷。缺陷产品造成人身、财产损害时，受害人有权请求生产者和销售者承担责任。受害人既包括直接购买并使用缺陷产品的人，也包括非直接购买使用缺陷产品但受到缺陷产品损害的其他人。奶某某虽非直接购买人，但属于因产品缺陷受到损害的人，其就人身损害请求赔偿具有事实和法律依据。法院判决某烟花爆竹专营店向奶某某支付医疗费、护理费、营养费、伙食补助费、交通费等各项损失共计13万余元。

典型意义

产品责任是产品存在缺陷导致人身或者财产损害，生产者、销售者应当承担的赔偿责任。缺陷产品侵权纠纷中受害人既可能是产品的购买者，也可能是购买者之外的其他人。本案认定非直接购买使用缺陷产品但受到缺陷产品损害的受害人有权向产品生产者、销售者请求赔偿，符合法律规定，对于督促生产者提升产品质量、销售者销售合格产品，保护受害人权益具有积极意义。

案例二

销售有效成分含量与包装标识严重不符的化肥构成消费欺诈的，应承担惩罚性赔偿责任

——敬某诉某生物科技有限公司、魏某产品责任纠纷案

基本案情

2022年3月，敬某种植打瓜需购买化肥，在某生物科技有限公司处购买钾肥99吨，共计支付货款435600元。2023年3月，敬某认为2022年度打瓜减产与使用该化肥有关，随即联系该公司要求对上述钾肥进行质量成分检测。2023年3月28日，某生物科技有限公司指派人员与敬某

共同委托某地产品质量监督检验研究院进行检测,检验结论为水溶性氧化钾的质量分数为27%,硫的质量分数为12%,氯离子的质量分数为13.1%,不符合国家标准《农业用硫酸钾》(GB/T 20406—2017)的规定,也与包装袋上载明的硫酸钾≥51%、硫≥17%、氯离子≤1.5%的成分标识严重不符。敬某与某生物科技有限公司多次协商未果后,起诉请求某生物科技有限公司退还化肥款并支付货款三倍的赔偿金。

裁判结果

审理法院认为,产品质量法第二十七条规定:"产品或者其包装上的标识必须真实,并符合下列要求:(一)有产品质量检验合格证明;(二)有中文标明的产品名称、生产厂厂名和厂址;(三)根据产品的特点和使用要求,需要标明产品规格、等级、所含主要成份的名称和含量的,用中文相应予以标明;需要事先让消费者知晓的,应当在外包装上标明,或者预先向消费者提供有关资料;(四)限期使用的产品,应当在显著位置清晰地标明生产日期和安全使用期或者失效日期;(五)使用不当,容易造成产品本身损坏或者可能危及人身、财产安全的产品,应当有警示标志或者中文警示说明。裸装的食品和其他根据产品的特点难以附加标识的裸装产品,可以不附加产品标识。"第三十六条规定:"销售者销售的产品的标识应当符合本法第二十七条的规定。"案涉钾肥有效成分含量与包装标识严重不符,违反法律规定。根据国家市场监督管理总局《侵害消费者权益行为处罚办法》第五条、第六条和第十六条规定,经营者在销售的商品中以假充真、以次充好,或以虚假的商品说明、商品标准等方式销售商品,以及夸大所提供商品的质量、性能等与消费者有重大利害关系的信息误导消费者属欺诈行为。本案中,某生物科技有限公司作为钾肥的经营者,没有向敬某提供产品的真实信息,其销售的钾肥有效成分含量等质量、性能指标与外包装标识严重不符,误导消费者购买化肥,其行为已经构成欺诈。故根据消费者权益保护法第五十五条第一款、第六十二条规定判决某生物科技有限公司退还敬某化肥款并支付货款三倍的赔偿金。

典型意义

消费欺诈惩罚性赔偿制度设立的主要目的是对经营者欺诈行为予以惩罚，并威慑、警告其他经营者，防止欺诈行为发生，净化市场环境。化肥、农药等农资产品质量关乎农业生产和农民收入，涉及广大农民群体的切身利益。本案中，农资经营者向农民销售的化肥产品与国家标准严重不符，化肥有效成分含量与包装标识严重不符，已构成欺诈行为，审理法院依法适用"退一赔三"惩罚性赔偿制度，判决经营者承担惩罚性赔偿责任，态度鲜明地依法打击坑农害农行为，营造健康有序的农资市场环境，切实保障农民合法权益，为推进乡村全面振兴提供有力的司法服务和保障。

案例三

经营者销售假种子未尽质量查验义务应担责
——某种子商场诉某县农业农村局行政处罚案

基本案情

2022年1月，某县农业农村局行政执法大队对某种子商场开展农作物种子质量监督抽查，经检验被测样品与农业农村部征集审定品种标准样品不同。某县农业农村局对该种子商场以涉嫌经营假种子立案调查。经查，某种子商场存在经营假种子的问题。2022年7月，某县农业农村局对某种子商场作出行政处罚决定，没收122袋假种子和违法所得，并处罚款58万余元。某种子商场不服，以种子零售商对经营种子的质量和真伪没有检验义务、自身无过错为由，向人民法院提起行政诉讼，请求撤销行政处罚决定。

裁判结果

审理法院认为，某县农业农村局作为政府农业农村行政主管部门主管辖区农作物种子工作，有对辖区内从事品种选育和种子生产、经营、使用、管理等活动中的违法行为作出行政处罚的法定职责。种子法第四十八条第一款规定，禁止生产经营假、劣种子。该条第二款第二项规定，种子种类、品种与标签标注的内容不符或者没有标签的，属于假种子。某种子商场作为销售者，所销售的种子存在生产经营许可信息未标注或与许可证载明内容不一致、品种审定编号不正确的情况。生产经营假种子是法律明令禁止的行为，对种子的标签标注内容进行查验属于种子经营者应尽的义务，某种子商场并未尽到其应尽的查验义务。某县农业农村局综合考虑其违法行为后果、违法经营货值和违法品种数量等事实作出行政处罚，履行了受案、传唤询问、调查取证、陈述申辩听证权利告知、集体讨论决定作出处罚、送达等法定程序，处罚不存在过当情形。法院判决驳回某种子商场的诉讼请求。

典型意义

仓廪实，天下安。种子作为重要的农资，是粮食安全的基础。为确保粮食安全和农业生态安全，种子相关的生产经营活动应受到严格管理。种子法明确禁止生产经营假、劣种子，种子产品经营者对所销售种子的标签标注内容有查验义务，否则，将依法承担法律责任。本案判决彰显了坚决支持农业农村主管部门依法打击生产经营假、劣种子等违法行为的鲜明司法导向，对引导种子经营者依法依规经营、保护农民合法权益、捍卫粮食安全具有重要意义。

案例四

经营者对于产品存在缺陷造成的损害不因产品过保修期而免责

——檀某某诉某农业机械销售有限公司产品责任纠纷案

基本案情

2021年5月18日,檀某某在某农业机械销售有限公司购买一台联合收割机,支付28万元价款,保修期为自出售之日起十二个月。2022年9月16日,该收割机着火自燃。消防部门经勘测调查作出调查认定书,列明"起火部位为收割机后侧,起火点为收割机左后侧下方,起火原因为电气线路故障引燃周围可燃物蔓延成灾"。事故发生时该收割机已使用十六个月。经人民法院委托鉴定机构出具评估报告认定,火灾事故给檀某某造成的损失为202200元。因协商无果,檀某某起诉请求依法判令某农业机械销售有限公司赔偿其车辆损失202200元。

裁判结果

审理法院认为,民法典第一千二百零二条规定:"因产品存在缺陷造成他人损害的,生产者应当承担侵权责任。"第一千二百零三条规定:"因产品存在缺陷造成他人损害的,被侵权人可以向产品的生产者请求赔偿,也可以向产品的销售者请求赔偿。产品缺陷由生产者造成的,销售者赔偿后,有权向生产者追偿。因销售者的过错使产品存在缺陷的,生产者赔偿后,有权向销售者追偿。"案涉收割机发生事故时虽已购买十六个月,但收割机电气线路故障为危害人身、财产安全的不合理危险,属于产品缺陷,不因超过十二个月保修期而免除责任。法院判决某农业机械销售有限公司赔偿檀某某损失202200元。

典型意义

本案为一起涉农用机械产品缺陷引发的产品责任纠纷。妥善处理每一起涉农资产品责任纠纷，确保农机产品质量过硬、农业生产秩序良好，以司法手段护航农业生产是人民法院应尽的职责。即使产品已过保修期，如果产品存在危及人身财产安全的重大产品缺陷，生产者仍然应当依法承担责任。农业机械是农民的重要生产工具和财产，本案依法判决经营者赔偿农机产品缺陷造成的损失，对于维护农民合法权益、保护农业生产具有积极意义。

案例五

制售不符合安全标准的食品构成犯罪的，应依法承担刑事责任
——谢某生产、销售不符合安全标准的食品案

基本案情

2021年7月，被告人谢某经营某烤鸭店，主要销售凉菜、卤煮熟食等食品。在开业促销活动中，因低价促销，购买消费者多，售卖窗口没有及时关闭，室内温度过高，导致食物滋生细菌，且有的食材超过保质期，多人购买食用后出现身体不适，10人以上出现食物中毒症状送医治疗。经检验，在当天抽检的40份单品中，11批次凉菜检测出"大肠菌群""金黄色葡萄球菌"，17批次"金黄色葡萄球菌"超出标准限值，鸡翅、烤鸭亚硝酸盐严重超标。2022年4月18日，被告人谢某自动投案，如实供述自己的罪行。检察机关对谢某依法提起公诉。

裁判结果

审理法院认为，被告人谢某生产、销售的食品不符合食品安全标准，

对人体健康造成严重危害，致使 10 人以上出现食物中毒症状并送医治疗，其行为已构成生产、销售不符合安全标准的食品罪。根据其自首、认罪认罚和主动赔偿等情节，对其减轻处罚，判决被告人谢某犯生产、销售不符合安全标准的食品罪，判处有期徒刑一年，并处罚金人民币 2 万元。

典型意义

食品安全是人民群众最关心、最直接、最现实的利益问题，每一道生产流程、每一个制作环节都直接关系消费者的生命健康安全。经营者必须自觉遵守食品安全法律法规及相关食品安全标准，依法诚信经营，始终把消费者的生命健康安全放在首位。本案中，食品经营者生产、销售的严重超标食品致使 10 余名消费者患食源性疾病，被依法追究刑事责任，对生产经营者起到了有效的震慑和教育作用。

案例六

空调产品生产者对于产品缺陷造成损失应承担赔偿责任
——某奶粉店诉某空调股份有限公司产品责任纠纷案

基本案情

某奶粉店内安装有某空调股份有限公司生产的立式空调一台。2022 年 7 月，某奶粉店发生火灾，该县消防救援大队作出火灾事故认定书，对起火原因认定如下：起火部位位于某奶粉店东北角处，起火点位于奶粉店东北角立式空调部位，认定起火原因为立式空调线路故障引发起火。某奶粉店遂诉至法院，请求判令某空调股份有限公司赔偿货物损失、房屋修复费用、停止经营期间损失、停止经营期间租金损失、赔偿他人损失等各项损失 60 万余元。

裁判结果

审理法院认为,作为火灾事故调查和处理的职能机构,某县消防救援大队作出的火灾事故认定书认定,起火原因为某奶粉店立式空调线路故障引发起火。火灾事故认定书认定的起火原因可以证明某奶粉店内的空调存在质量缺陷,该缺陷与损害事实之间具有因果关系。某空调股份有限公司作为案涉空调的生产者,应当对某奶粉店因案涉火灾事故遭受的损失承担赔偿责任。法院根据某奶粉店的实际损失情况判决某空调股份有限公司赔偿40万余元。

典型意义

火灾是生产生活中常见的由产品质量缺陷引发的事故,对人民群众生命财产安全和生产经营秩序造成严重危害。近年来,因电动自行车、家用电器等产品存在质量缺陷引发的火灾事故屡见报端。关于生产者应对缺陷产品造成的损失承担赔偿责任的法律制度,旨在促使生产者加强产品质量监控和管理,保护质量安全。本案判决空调生产者对缺陷产品造成损失承担赔偿责任,充分发挥了司法裁判在社会治理中的规范引导作用,对于警示违法生产经营行为、保护购买者合法权益、筑牢安全生产经营防线具有积极意义。

【理论前沿】

夫妻间给予房产问题研究

王 丹[*]

在婚姻关系存续期间或者谈婚论嫁时,双方之间发生的财物给予行为往往带着对美好婚姻的期盼,但是,当双方结婚不成或者离婚时,这又常成为纠纷的源头。近年来,随着经济社会发展,居民财富增加,夫妻之间给予的财物价值也是"水涨船高"。同时,婚姻关系较之前不稳定、婚龄偏短,导致矛盾突出,相关纠纷数量亦呈上升趋势。从审判实践看,给予房产一方的诉讼请求主要是撤销协议,也有部分是确认协议无效或解除协议;接受一方的诉讼请求则包括请求确认房屋归属,办理产权转移登记,确认协议有效以及支付房屋折价款等。《最高人民法院关于适用〈中华人民共和国民法典〉婚姻家庭编的解释(二)(征求意见稿)》向社会征求意见时,对该问题有两种截然不同的观点:一种观点认为,给予房产一方应当遵守诚信原则,不能任意撤销;另一种观点认为,要严防不劳而获的想法和行为,基于较短的婚姻甚至只是婚姻承诺,而无偿获得大额财产,于情于理不合。由此即可见该问题的复杂程度。理论上,夫妻间给予房产问题横跨身份行为和财产行为,涉及合同法、物权法、婚姻家庭法等的交叉领域,对此研究尚不深入。该给予行为的性质及效力如何,目的是否需要特别考量,能否直接基于其表面的无偿

---

[*] 最高人民法院民事审判第一庭二级高级法官。

性特征适用赠与合同规则，与夫妻约定财产制的关系如何界分，房产未转移登记之前能否发生物权变动效力，与民法典物权编非法律行为物权变动规定的关系如何等问题，不仅是婚姻法回归民法体系后需要进行理论建构的重要内容，也是司法实践迫切需要解决的重点难点问题，极具理论和实践价值。有鉴于此，本文尝试体系化解释民法典婚姻家庭编与合同编、物权编相关规定，以便为建立合适的规则体系提供参考。

一、相关规范梳理

1950年婚姻法未涉及夫妻财产约定内容，仅在第十条规定："夫妻双方对于家庭财产有平等的所有权与处理权。"根据当时中央人民政府法制委员会所作的《关于中华人民共和国婚姻法起草经过和起草理由的报告》，该规定不妨碍夫妻双方对财产所有权、处理权与管理权进行约定。1980年婚姻法适应新时期社会经济发展和家庭财产关系变化的需要，允许夫妻双方对财产关系作出约定，以排除共同财产制的适用，其中第十三条第一款规定："夫妻在婚姻关系存续期间所得的财产，归夫妻共同所有，双方另有约定的除外。""双方另有约定的除外"实质上赋予了当事人通过约定改变法定夫妻财产制内容的权利。但是，该条款对约定财产制的内容，如约定的范围、条件、方式、效力等未作规定，严格来说不属于约定财产制。

1993年《最高人民法院关于人民法院审理离婚案件处理财产分割问题的若干具体意见》（法发〔1993〕32号，以下简称《具体意见》，已废止）第一条进一步明确："夫妻双方对财产归谁所有以书面形式约定的，或以口头形式约定，双方无争议的，离婚时应按约定处理。但规避法律的约定无效。"同时，《具体意见》第六条规定，一方婚前个人所有的财产，婚后由双方共同使用、经营、管理的，房屋和其他价值较大的生产资料经过八年，贵重的生活资料经过四年，可视为夫妻共同财产。《最高人民法院关于适用〈中华人民共和国婚姻法〉若干问题的解释（一）》（法释〔2001〕30号，以下简称《婚姻法解释一》，已废止）第十九条改变了《具体意见》第六条的规定，明确除当事人另有约定外，夫妻一方所有的财产，不因婚姻关系的延续而转化为夫妻共同财产。该条规定顺应对个人财产权利关注的社会现实，明确一方婚前个人财产不再转化为夫妻共同财产，同时规定当事人可以约定排除，进一步强调当事人约定的效力。《最高人民法院关于适用〈中华人民共和国民法典〉婚姻家庭编的解释（一）》（法释〔2020〕22号，以下简称《婚姻家庭编解释一》）第三十一条延续了《婚姻法解释一》上述规定。

随着经济社会发展和个体权利意识提高，夫妻间采用约定财产制的情况增多。为此，2001年修正的婚姻法适应新时期调整夫妻财产关系的需要，对夫妻财产约定问题作了补充和完善，其中第十九条规定，夫妻可以约定婚姻关系存续期间所得的财产以及婚前财产归各自所有、共同所有或部分各自所有、部分共同所有。该条在延续1980年婚姻法理念的基础上，将概括性的规定加以细化，明确当事人可以约定的财产既包括婚姻关系存续期间的共同财产，也包括各自的婚前财产。同时，列举了约定财产制的方式包括"各自所有、共同所有或者部分各自所有、部分共同所有"。民法典第一千零六十五条除了将约定主体从"夫妻"改为"男女双方"以及部分文字修改外，① 基本延续了2001年婚姻法第十九条的规定。从这些年的实践经验看，该规定基本适应现实需要，此次编纂民法典，对这一规定仅作了一些文字修改。②

随着房产在夫妻共同财产中比重增加，夫妻间给予房产引发的纠纷逐年增多，《最高人民法院关于适用〈中华人民共和国婚姻法〉若干问题的解释（三）》（法释〔2011〕18号，以下简称《婚姻法解释三》，已废止）予以相应规范，其中第六条规定："婚前或者婚姻关系存续期间，

---

① 民法典第一千零六十五条规定："男女双方可以约定婚姻关系存续期间所得的财产以及婚前财产归各自所有、共同所有或者部分各自所有、部分共同所有。约定应当采用书面形式。没有约定或者约定不明确的，适用本法第一千零六十二条、第一千零六十三条的规定。夫妻对婚姻关系存续期间所得的财产以及婚前财产的约定，对双方具有法律约束力。夫妻对婚姻关系存续期间所得的财产约定归各自所有，夫或者妻一方对外所负的债务，相对人知道该约定的，以夫或者妻一方的个人财产清偿。"

② 参见黄薇主编：《中华人民共和国民法典婚姻家庭编释义》，法律出版社2020年版，第97页。

当事人约定将一方所有的房产赠与另一方，赠与方在赠与房产变更登记之前撤销赠与，另一方请求判令继续履行的，人民法院可以按照合同法第一百八十六条的规定处理。"该规定引入赠与合同规则处理夫妻间给予房产行为。其主要考虑是：一是夫妻间给予房产从形式上看不包含对价，与赠与合同的无偿性特征极为类似；二是符合赠与通常发生的场景，因为赠与人与受赠人之间往往具有亲密关系；三是合同法中有关赠与合同当事人的规定并未将夫妻关系排除在外，应予适用；四是从与夫妻约定财产制的关系看，夫妻约定财产制列举了各自所有、共同所有或者部分各自所有、部分共同所有三种类型，不包括将一方财产归另一方所有，因此，与夫妻约定财产制不冲突。

《婚姻家庭编解释一》第三十二条基本沿袭了《婚姻法解释三》的规定，并将生活中更常出现的"加名"情形纳入其中，以回应司法实践需要。其主要考虑是，将房产转移登记到对方名下是赠与全部所有权，而"加名"实质是赠与部分份额，只是财物范围大小不同，没有本质区别，在规则设计上应当一体解释。这也成为部分反对意见的理由，认为"加名"情形可以纳入民法典第一千零六十五条将一方个人财产约定为共同所有的情况，不应适用赠与合同规则。当然，民法典出台后，也有观点将民法典第四百六十四条第二款作为夫妻间给予房产约定适用赠与合同规则的法律依据。

从笔者了解的实践情况看，在出现以下两种典型情形时，《婚姻家庭编解释一》第三十二条规定会存在一定程度的"失灵"：一是夫妻双方长期共同生活，双方基于对婚姻的信赖，未按照约定将房产转移登记，在双方感情破裂时，一方以享有任意撤销权为依据请求撤销赠与，如果认可赠与方享有任意撤销权，实际上损害了另一方的信赖利益；二是在财产权利转移后不久，接受财产一方即提出离婚，使给予方对婚姻的期望落空。因为根据民法典第六百五十八条（合同法第一百八十六条）的规定，除非夫妻间的赠与经过公证或具有道德义务性质，否则在赠与房屋的所有权转移之前，赠与人均可以撤销赠与，而不考虑当事人结婚时间的长短以及受赠人对家庭的付出情况、离婚过错等，这可能对受赠人不公平；而如果财产权利已经转移，赠与方基本上很难适用法定撤销权支持其返还的诉讼请求，在婚龄较短的情况下对赠与方不公平。

对此问题，理论界争议较大，主要有四种观点：一是赠与说。《婚姻家庭编解释一》即采此观点。二是以婚姻为基础的特殊赠与说。该观点认为，夫妻间赠与不同于夫妻财产制约定，本质上仍具有赠与性质，但该赠与是建立在双方对婚姻和共同生活的期待基础上的，具有长期合作性、互惠性以及共享性的特点。[①] 三是财产制契约说。该观点认为，夫妻间给予房产的约定以身份关系为基础，一般以维系感情或与对方永久共同生活为目的，因此，本质上属于夫妻财产制契约。[②] 四是夫妻财产制契约和赠与分类说。该观点认为，应根据不同情况作区分认定：如将一方个人财产约定为双方共有，则为夫妻财产制契约；如将一方个人财产约定给予另一方，则为赠与。[③]

二、夫妻间给予房产的约定不属于夫妻约定财产制

夫妻约定财产制是夫妻或即将成为夫妻之人，就夫妻间之财产关系所订立的契约，包括夫妻婚前和婚后所得财产的归属、管理、使用、收益、处分以及债务的清偿、婚姻终止时财产的分割等。约定财产制是与法定财产制相对的概念。目前，大多数国家和地区都在法律中明文规定，夫妻双方可以在婚前或者婚姻关系存续期间约定采用某种财产制来支配二者之间的财产关系。[④] 广义的夫妻财产约定包括夫妻财产制契约和一般

[①] 参见田韶华：《夫妻间赠与的若干法律问题》，载《法学》2014年第2期；叶名怡：《夫妻间房产给予约定的性质与效力》，载《法学》2021年第3期。

[②] 参见许莉：《夫妻房产约定的法律适用——基于我国约定夫妻财产制的考察》，载《浙江工商大学学报》2015年第1期；裴桦：《也谈夫妻间赠与的法律适用》，载《当代法学》2016年第4期；冉克平：《夫妻之间给予不动产约定的效力及其救济——兼析〈婚姻法司法解释（三）〉第6条》，载《法学》2017年第11期。

[③] 参见范李瑛：《论夫妻财产制契约所致的物权变动》，载《山东社会科学》2016年第5期。

[④] 参见黄薇主编：《中华人民共和国民法典婚姻家庭编释义》，法律出版社2020年版，第94页。

的夫妻财产契约;① 狭义的夫妻财产约定也称夫妻财产制约定或夫妻财产制契约。② 夫妻约定财产制不同于夫妻一般财产约定。"一般人所得订立之财产契约，如买卖、赠与等，纵由夫妻订立，涉及夫妻间之财产关系，亦非夫妻财产制契约。"③ 可见，夫妻财产契约有财产制契约与一般财产契约之分。虽然两者都表现为契约形式，但一个是对财产制的约定，是制度选择的一般性建构，目的是排除法定财产制的适用；一个是对特定财产的约定，不影响其他财产尤其是将来获得财产适用法定财产制。夫妻约定财产制这一概念属于"舶来品"，如果想更深入理解其内涵还需要考察该制度的形成过程。"夫妻间之财产契约，中世纪以前即已存在，其因时代之不同、地方之不同，而具有多种之机能，夫妻间之财产契约之内容被法定化后，夫妻财产契约逐渐转换为夫妻财产制契约。近代国家所承认之夫妻财产制契约制度，不仅其契约本身具有多种机能，而且制度本身亦有其机能存在。"④ 可见，夫妻约定财产制是法律对夫妻财产约定的制度化。二者的共同点均是对夫妻财产的约定，区别在于夫妻财产约定可以根据当事人意思自治任意约定，而夫妻约定财产制社会民众采用比较多，法律因而将其约定内容格式化，以供夫妻或即将成为夫妻之人直接采用，不需要再额外约定内容。这不仅便利了当事人，也使夫妻财产制易于为第三人了解。至于某一国法律采用哪几种备选的财产制，往往基于其特定的历史文化传统、伦理观念以及民主法治的发展程度等，具有地域性和时代性。我国并无德国、法国、瑞士等国家夫妻约定财产制度历史形成过程中所具有的机能，⑤ 夫妻财产制度机能中的"缓和地方法冲突之机能""缓冲机能"等均不符合我国国情。我国在夫妻"同居

---

① 参见龙翼飞主编：《中国民法典评注：婚姻家庭编》，人民法院出版社 2021 年版，第 104 页。
② 参见余延满：《亲属法原论》，法律出版社 2007 年版，第 286~287 页。
③ 林秀雄：《夫妻财产制之研究》，中国政法大学出版社 2001 年版，第 184 页。
④ 黄薇主编：《中华人民共和国民法典婚姻家庭编释义》，法律出版社 2020 年版，第 192 页。
⑤ 参见黄薇主编：《中华人民共和国民法典婚姻家庭编释义》，法律出版社 2020 年版，第 194~196 页。该书指出，德国、法国等国家夫妻财产制契约制度本身存在缓和地方法冲突之机能、缓冲机能、备用机能等。

理论前沿

共财"的历史传统和社会现实之下,[①] 并无采用夫妻财产制契约之习惯,因此,亦可以不受其他国家财产制度的束缚。

我国约定财产制的作用主要是发挥排除法定婚后所得共同制的"备选机能",供当事人选择。从司法实践看,目前,婚后所得共同制度仍被普遍接受,尚未出现法定财产制明显不符合现实国情的情况,因此,采用约定财产制的情况仍不占主流,只是作为备选制度而存在。更多的情况是,夫妻对某一个或几个特定财产作出约定,当事人本意上也不是为了排除法定财产制的适用,因此,夫妻间给予房产行为不宜归入狭义的约定财产制范畴。狭义的约定财产制是一般性地建构夫妻之间的财产法状态,对契约成立之后夫妻的财产关系将产生一般性的、普遍性的拘束力,其功能和目的是总体上安排夫妻财产关系,其规则适用具有一般性和可重复性。而夫妻一般财产约定是针对某一个或几个财产,对其他财产不具有约束力,更无法约束未来在婚姻关系存续期间所获得的财产。

由上述分析可知,夫妻约定财产制与夫妻财产约定内容虽有重合但性质与作用不同,不应混淆使用。从约定财产制确立的历史发展过程看,约定财产制是夫妻财产约定被法律固定了的模式,即夫妻约定财产制是夫妻财产约定的法定化。二者本质上都属于夫妻关于财产的约定,只不过夫妻约定财产制是法律认可的可供当事人选择的制度模式。适应时代的变化而具有备用修正之机能,正是今日夫妻约定财产制继续存在的价值。

笔者认为,夫妻间给予房产行为不属于狭义上的夫妻约定财产制,而是夫妻间的一般财产约定。主要理由如下:约定财产制是对婚前财产和婚姻关系存续期间所得财产的概括性安排,是双方对婚姻共同体财产的整体考虑。约定财产制的目的在于排除法定财产制的适用,虽可以包括双方现存财产,但更主要是针对夫妻未来婚姻关系存续期间所得的财产。"任何针对个别或全部夫妻现存财产之约定,因不妨碍法定财产制之

---

① 参见金眉:《婚姻家庭立法的同一性原理——以婚姻家庭理念、形态与财产法律结构为中心》,载《法学研究》2017年第4期。

适用，均非约定财产制。"① "夫妻财产制契约是夫妻双方从法律规定的财产制形态中进行选择的约定，因此它并非针对某个或某些特定的财产归属作出的约定，而是一般性地建构夫妻之间的财产法状态，对契约成立之后夫妻的财产关系将产生一般性的、普遍性的拘束力。"② "与夫妻财产制契约不同的是，夫妻个别财产归属约定所针对的标的财产是具体的、特定的，而非夫妻之整体财产。"③ 有学者以史尚宽先生的论述④作为夫妻约定财产制也包括对个别财产约定的论据，但我国台湾地区对应夫妻约定财产制的表述应为"夫妻财产制契约"，而非广义上的夫妻财产契约，对此似乎应作区分。⑤ 夫妻财产制契约约定了夫妻之间的固定财产模式，从国外立法例看，不少国家提供几种法定的夫妻财产制模式供当事人选择。⑥ 我国的民法典为了体现对夫妻财产制度选择的慎重，明确规定必须采用书面形式。从其他国家看，一般是需要公证或登记。约定财产制并不能涵盖夫妻之间所有可能的财产关系，因为夫妻双方仍可如其他人一样为其他法律行为或交易。因此，不能将夫妻之间所有的涉财产约定均纳入约定财产制。

从历史传统与生活现实看，我国婚姻传统上采"同居共财"观念，缺乏约定财产制的文化土壤，虽然法律基于意思自治原则，规定了约定财产制，但是现实生活中选择约定财产制的夫妻较少，普通百姓对约定财产制的含义以及所产生的法律后果知之甚少。如果贸然将夫妻之间基

---

① 贺剑：《夫妻财产法的精神——民法典夫妻共同债务和财产规则释论》，载《法学》2020年第7期。
② 程啸：《婚内财产分割协议、夫妻财产制契约的效力与不动产物权变动——"唐某诉李某某、唐某乙法定继承纠纷案"评释》，载《暨南学报（哲学社会科学版）》2015年第3期。
③ 陈永强：《夫妻财产归属约定的法理阐明及规则适用》，载《中国法学》2022年第2期。
④ 史尚宽先生提出，夫妻财产契约是夫妻之间一切有关财产关系的约定，不必及于全部财产，对于一定之个别财产亦可适用。参见史尚宽：《亲属法论》，中国政法大学出版社2000年版，第341页。
⑤ 参见黄薇主编：《中华人民共和国民法典婚姻家庭编释义》，法律出版社2020年版，第192页。
⑥ 如德国法规定了三种模式：财产增益共有制、分别财产制和一般共有制。财产增益共有制为法定财产制，后两种是约定财产制。

于某一项财产的约定上升到约定财产制层面，无法根据实际情况进行调整，不符合现实生活。夫妻间给予房产主要是针对该特定财产权属的认定，往往并没有一个明确的书面协议，尤其是在已经办理转移登记的情况下，双方的本意并非概括地适用约定财产制，没有整体上对婚前和婚姻关系存续期间所得的财产进行约定的意思，不涉及财产制的选择，将其拟制为夫妻约定财产制，不符合当事人本意。而且我国尚没有与约定财产制相配套的完整制度，比如登记、公证等。

从目的上看，二者也是不同的。夫妻间给予房产的约定主要是为了维持婚姻和谐稳定，具体包括弥补亏欠、补偿对方贡献、表情达意或展示一方违反夫妻忠实义务后"悔过"的诚意等。可见，夫妻间给予房产约定往往有特定的目的或附有一定的条件，只不过该目的或条件是默示的，但接受方对此一般是明知的。夫妻一方给予另一方大额财物的行为"不存在'主观'上的无偿性，而是将另一方在家庭中的给付行为视为此种给予的对价"①。也即，夫妻间对特定房产的给予行为是无法包含在狭义的夫妻约定财产制内的。夫妻间大额财产的无偿移转超出了夫妻财产制范围。特别巨大的财物付出必有特别的原因或对价，双方对该原因或对价是知悉并默认的。不考虑这种潜在的对价性将极易导致双方利益失衡。② 夫妻约定财产制的目的更多是整体上规范夫妻财产关系，是尊重双方对婚姻生活安排意思自治的制度设计，原则上不掺杂上述具体的考虑因素。如果说将一方房产约定为共有尚可能解释为有维护婚姻和谐稳定的目的，但是在约定为分别所有制的情况下，恐怕很难解释为有此目的。而从我国现实生活实际看，采用的夫妻约定财产制主要是分别财产制。作为一种排除法定财产制度的制度形式，不能因其约定内容不同而异其目的。

夫妻间给予房产的约定虽不属于约定财产制，但是否适用民法典第一千零六十五条还需要考察该条规定的涵摄范围。学界对民法典第一千

---

① ［德］迪特尔·施瓦布：《德国家庭法》，王葆莳译，法律出版社2010年版，第111页。
② 参见叶名怡：《夫妻间房产给予约定的性质与效力》，载《法学》2021年第3期。

零六十五条的理解，目前主要有两种观点：一种观点认为，该条是关于夫妻约定财产制的规定，其提供了三种夫妻约定财产制类型供当事人选择，包括分别财产制、一般共同制和限定共同制。① 超出该范围的财产约定不为法律所承认，双方的财产关系当然适用法定财产制的规定。② 另一种观点认为，该条虽是夫妻约定财产制的规定，但并未对当事人订立夫妻财产约定设定前述限制，约定的内容只要符合民事法律行为的一般规定，符合其合法性要件即可。③ 将其"解释为自由约定式并无任何形式及实质障碍，也与文义相符"④。上述两种观点均认为，该条是关于夫妻约定财产制的规定。笔者认为，从前述对夫妻约定财产制与夫妻财产约定的区分、我国无夫妻约定财产制传统以及约定财产制历史形成的机能等方面看，并非一定要将该条限制在狭义的约定财产制，而可以将广义的夫妻财产约定均纳入该条涵摄范围，以最大限度发挥该条的作用。

首先，从民法典第一千零六十五条的规定看，该条并未明确界定约定财产制，而是笼统地表述为关于财产的约定。其次，我国没有约定财产制的传统，根据前述对我国关于夫妻财产约定的规范梳理，立法上一直未采用约定财产制的概念，而仅表述为"约定"。最后，根据相关解释，该条"既可以概括地约定采用某种夫妻财产制，也可以具体地对某一项夫妻财产进行约定"⑤，"如果当事人不愿意概括地约定采用某种夫妻财产制，也可以对部分夫妻财产，甚至某一项财产进行约定"⑥。可见，该条并不仅限于狭义的约定财产制，而是包括了夫妻的其他财产约定。该条第二款更是从约定本身的机能，而不是从约定财产制的机能所作的规定。夫妻间给予房产的约定不管该约定是转移登记至对方名下还是"加名"，均属于夫妻间的一般性财产约定。其虽然不属于狭义的夫妻约

---

① 参见余延满：《亲属法原论》，法律出版社2007年版，第286页；夏吟兰、龙翼飞、曹思婕、姚邢、赫欣：《中国民法典释评·婚姻家庭编》，中国人民大学出版社2020年版，第134页。
② 参见巫昌祯、夏吟兰主编：《婚姻家庭法学》，中国政法大学出版社2016年版，第138页。
③ 参见陈苇主编：《婚姻家庭继承法学》，中国政法大学出版社2022年版，第139页。
④ 薛宁兰、谢鸿飞主编：《民法典评注：婚姻家庭编》，中国法制出版社2020年版，第248页。
⑤ 黄薇主编：《中华人民共和国民法典婚姻家庭编释义》，法律出版社2020年版，第94页。
⑥ 黄薇主编：《中华人民共和国民法典婚姻家庭编释义》，法律出版社2020年版，第99页。

定财产制，但是，仍不妨其为民法典第一千零六十五条所规范。根据法律适用的基本原则，因民法典婚姻家庭编对夫妻财产约定有特别规定，应当优先适用该特别规定，即该约定对双方具有法律约束力，不宜直接适用合同编赠与合同关于任意撤销权的规定。

有观点认为，将一方所有的财产约定为夫妻双方共有的（俗称"加名"），为约定财产制，属于民法典第一千零六十五条中将婚前财产约定为共同所有的形式；而将一方所有的财产全部约定为另一方单独所有的，不能被民法典第一千零六十五条列举的形式所涵盖，应认定为赠与，适用民法典合同编有关赠与合同的规定。笔者认为，从民法典第一千零六十五条文字表述看，其确实很难涵盖将夫妻一方所有的财产给予另一方的情况，但如果将此种情况排除，会导致仅仅因为给予部分还是全部财产的量的差别，在法律后果上产生质的不同：全部赠与适用民法典合同编的规定，赠与人可以行使任意撤销权；部分赠与却适用民法典婚姻家庭编的规定。这不符合相似问题同样处理的基本法律原则，也不符合社会生活现实。

目前，多数学者达成共识的是夫妻间给予房产的约定不能简单适用赠与合同规则，但在具体解释路径上存在差异，主要在于多数学者均将民法典第一千零六十五条理解为狭义的夫妻约定财产制规定。因而，要么为了适用该条而将夫妻间就特定财产的约定解释为约定财产制，要么将该约定解释为特殊赠与，以避免适用民法典合同编赠与合同规则中的任意撤销权。这两种解释均存在一定问题：主张适用夫妻约定财产制的观点，看到了适用赠与合同规则的不足，以该约定对双方具有法律约束力为落脚点，硬性嫁接到夫妻约定财产制，但未进一步分析该财产约定是否有特定的目的或者交易基础，是否有情势变更原则的适用余地；而将该约定解释为特殊赠与的观点，看到了夫妻间给予财物的特殊目的和适用一般赠与合同的问题，但从解释论的角度看，其无立法依据，存在前提性障碍。如前所述，夫妻约定财产制与夫妻财产约定不同，夫妻间给予房产的约定不属于约定财产制范畴。但可以将民法典第一千零六十五条解释为既包括约定财产制也包括一般财产约定，这样既避免了将夫妻间给予房产约定强行解释为约定财产制，又可以将其纳入该条第一款适用范围，并根据该条第二款认定该约定对双方具有法律约束力，而排除民法典合同编赠与合同中任意撤销权的适用。

三、夫妻间给予房产约定不宜直接适用赠与合同规则

民法典第六百五十七条规定："赠与合同是赠与人将自己的财产无偿给予受赠人，受赠人表示接受赠与的合同。"赠与合同最本质的特征是无偿。根据罗马法的传统和契约观念，一个合同之所以生效，必须满足以下两个条件之一：要么符合特定形式，要么具有债因。而赠与合同没有债因，故德国民法典和法国民法典均规定赠与合同需要特定的形式——公证，否则，不生效力。我国合同法对赠与合同采用的不仅是诺成契约模式，而且是非要式契约。赠与是一种无偿转移所有权且不能请求返还的契约，应该采用严格的形式主义，在我国采用非要式契约的情况下，用任意撤销权弥补非形式主义的弊端具有合理性。[①] 夫妻间给予房产是一种给予行为，形式上也表现为无交易对价，故《婚姻法解释三》将夫妻间财产给予行为纳入赠与合同规则调整。基于平衡双方当事人利益考虑，不少案件依据民法典第六百五十八条（合同法第一百八十六条），将夫妻间给予房产认定为具有道德义务性质的赠与，或根据民法典第六百六十三条（合同法第一百九十二条），认为受赠人存在严重侵害赠与人合法权益，进而认定赠与人享有法定撤销权。但将夫妻间给予房产认定为具有与民法典第六百五十八条规定的"救灾、扶贫、助残等公益、道德义务性质的赠与合同"类似功能，存在解释上的困难，不能将该条中的"道德义务"泛化，认为夫妻之间有维护家庭和谐稳定的道德义务，进而认为夫妻间给予房产即具有道德义务性质的赠与；法定撤销权虽然能够解决部分接受方严重损害给予方权益的情形，但在接受方无明显过错的情

---

① 参见李永军：《"契约+非要式+任意撤销权"：赠与的理论模式与规范分析》，载《中国法学》2018年第4期。

况下，法定撤销权无用武之地。因此，在参照适用财产法规则设计制度时，应当关注财产法规则与婚姻家庭领域价值理念的不同，尤其需要考虑是否符合婚姻家庭领域的持续性、利他性和伦理性特征。对此，笔者认为，夫妻间给予房产约定不宜直接适用赠与合同规则，主要理由如下。

（一）夫妻间给予房产约定看似无偿实则"有偿"

夫妻间给予房产约定的目的性特征明显，该目的是给予行为的重要基础，在确定双方权利义务内容时应予以特别考虑。夫妻身份关系的特殊性使夫妻间有关给予不动产的约定与一般赠与不同。"夫妻房产约定所追求的产权变动意思与身份变动相关联，其预期的后果与一般民事主体之间赠与的后果有本质上的差异。"① 一般赠与行为不以特定的身份关系为基础，尽管赠与人实施赠与行为也有其动机或目的，但是该动机或目的不具有法律上的意义。夫妻间给予房产的约定要么是对另一方造成情感伤害的补偿，要么是对另一方为家庭生活付出的肯定，要么是为了建立和维持长久的共同生活，而在共同生活中，对方必然会为此继续付出。因此，虽无明确的金钱对价，但并不是无偿的，其实质的对价是另一方在家庭中的付出。表面上看是夫妻一方将财产无偿赠与另一方，实际上是综合考虑了双方之间的情感、生活、伦理要素后，就财产关系安排形成的对价博弈，通过夫妻间不同利益的互利补偿达成最终的平衡，即表面无偿而实质有偿，客观无偿而主观有偿。此种情形下，看似无偿给予，实则与一般赠与存在差异。赠与合同规则中赠与人任意撤销权的正当性基础主要在于其无偿性和"非要式"，而夫妻间给予房产行为实质上系以婚姻关系的建立与存续为基础，赠与人并非完全基于慷慨，受赠人也并非单纯无偿受让，这使得此赠与不具有任意撤销权的存在基础。② 此行为也不能认定为附条件赠与，因为附条件法律行为中的条件应当具有合法

---

① 许莉：《夫妻房产约定的法律适用——基于我国约定夫妻财产制的考察》，载《浙江工商大学学报》2015年第1期。

② 参见田韶华：《夫妻间赠与的若干法律问题》，载《法学》2014年第2期。

性,而"不离婚"作为赠与所附条件是不合法的。①

(二) 夫妻间给予房产约定具有伦理性特征

在一般赠与的情况下,赠与人与受赠人往往也存在情感联系,但其仍具有一时性特征,双方当事人在赠与行为完成时有着形同陌路的自由。② 如上所述,夫妻间给予房产往往是基于各种因素考虑,即使房产转移登记到对方名下,给予人的目的也是在将来的共同生活中共享房产利益,是以双方命运共同体为考虑基础的,而非简单地全部让渡财产权。夫妻间给予房产行为不是简单的一时性合同,而是以婚姻关系持续、双方长期稳定共同生活为前提的,通过该给予行为使受赠人能够信赖并坚守婚姻。"当受赠人正如赠与人所希望的那样信赖其承诺并进而坚守婚姻时,则无论从婚姻伦理还是从诚信原则出发,这种信赖都应当得到法律的保护。"③ 如果无视这种伦理情境,简单地将其等同于普通赠与行为,将会破坏家庭财产关系的伦理目的,④ 而且会不可避免地对婚姻家庭的稳定、社会善良风俗的维护带来消极后果。⑤

(三) 婚姻家庭领域更应当遵循诚信原则

民法典第一千零四十三条第二款明确规定,"夫妻应当互相忠实,互相尊重,互相关爱"。夫妻之间存在特殊的身份关系和情感因素,是相互扶助的"伦理人",更应当秉持诚信,恪守承诺。如果将夫妻间给予房产的行为认定为赠与,并按照赠与合同规则赋予给予房产一方任意撤销权,那么对夫妻之间的信赖与期待将造成严重伤害。同时,信任也是相互的,

---

① 参见叶名怡:《夫妻间房产给予约定的性质与效力》,载《法学》2021 年第 3 期。
② 参见萧伯符、易江波:《略论中国赠与法律传统及其现代转型》,载《法商研究》2007 年第 2 期。
③ 田韶华:《夫妻间赠与的若干法律问题》,载《法学》2014 年第 2 期。
④ 参见赵敏:《家庭财产关系法律适用的路径选择——以夫妻间赠与为分析进路》,载《理论月刊》2017 年第 11 期。
⑤ 参见王巍:《夫妻房产约定之法律适用论——兼评〈婚姻法司法解释(三)〉第 6 条》,载《西南政法大学学报》2018 年第 5 期。

如果已经接受房产的一方在接受房产后不久即提出离婚或者存在严重过错伤害夫妻感情，也损害了另一方的信赖和其对于长久婚姻家庭生活的期待。

（四）比较法上多将夫妻间赠与视为特殊赠与

从比较法的角度看，多数国家和地区的立法或司法实践将夫妻间赠与作为一种特殊赠与对待。① 例如，德国民法典虽然没有明确规定夫妻间赠与问题，但判例很少将夫妻间给予行为认定为赠与，而是将其界定为"以婚姻为条件的给予"，从而部分排除了一般赠与规则的适用。② "和婚姻相关的给予"指的是夫妻一方以结婚为目的，为了实现、建立、维持或保障婚姻共同生活而给予另一方财产，并且设想或期待婚姻持续存在，自己在婚姻共同生活中分享该财物及其孳息，这些目的和设想构成给予的行为基础。③ 法国民法典第1525条第1款规定，夫妻双方约定对共同财产各占不等份额以及不等额分配财产的条款，无论从其实质还是从其形式，均不视为赠与，而仅仅属于有关婚姻财产的协议，且属于合伙人之间的协议。④

综上所述，笔者认为，夫妻间给予房产的约定一般不应适用赠与合同规则。民法典第一千零六十五条可以解释为不仅包括狭义的约定财产制，还包括夫妻一般财产约定。根据特别规定优先于一般规定的法律适用基本原则，在民法典婚姻家庭编对夫妻财产约定有特别规定的情况下，应优先适用民法典婚姻家庭编的规定。夫妻间关于某些特定财产可以根据当事人的意思自由约定，该约定可以是赠与，但并不一定是赠与。"赠与本身就是一种约定，而财产约定中往往又会带着赠与因素。"⑤ 夫妻间

---

① 参见田韶华：《夫妻间赠与的若干法律问题》，载《法学》2014年第2期。
② 参见［德］迪特尔·施瓦布：《德国家庭法》，王葆莳译，法律出版社2022年版，第169页。
③ 参见王葆莳：《德国婚姻赠与返还制度研究》，载《中国应用法学》2020年第3期。
④ 参见冉克平：《夫妻团体法：法理与规范》，北京大学出版社2022年版，第180页。
⑤ 曹薇薇、黎林：《民法典时代夫妻房产赠与纠纷中的司法判决冲突及解决》，载《妇女研究论丛》2021年第2期。

给予房产的约定往往有其特定的目的,因此,在规范夫妻间给予房产的行为时应注意两点:首先,不能舍弃民法典婚姻家庭编的规定而直接适用民法典合同编的规定。其次,要判断该合同是普通赠与还是有特定目的,判定的主要依据在于,双方是否明确表达了该给予独立于婚姻关系的意愿,即赠与在离婚情形下仍然有效。除双方明确约定该给予不受离婚影响外,不宜将该合同认定为赠与合同,而应认定为一种无名合同。当事人不能依据赠与合同规则,以财产权利未转移为由行使任意撤销权。

四、夫妻间给予房产约定可参照适用情势变更制度

夫妻财产约定与夫妻约定财产制不仅存在适用范围等方面的不同,二者在设立目的上也存在差异。夫妻约定财产制具有概括性,并一般性地约束未来获得的财产,是双方对婚姻生活中财产关系的整体安排,其虽以婚姻关系存续为前提,但并非具有特定的目的,尤其是其中占比最高的分别财产制,更多体现双方的独立人格。夫妻约定财产制作为夫妻间一般性地规范财产关系的制度,适用情势变更制度进行调整存在解释上的障碍。但夫妻间给予房产的约定属于夫妻一般财产约定性质,实质上是一种无名合同,且具有财产性质。因此,在将该行为适用民法典第一千零六十五条的基础上,借用民法典合同编对因各种原因无法达到或者全部达到给予目的的特殊情况予以调整,不存在解释上的障碍。

"以婚姻为条件的给予"是法律行为基础丧失规则在德国家庭法中运用的范例。法律行为基础丧失规则是先由学说、判例发展而来的,并最终在2002年德国债法现代化法中上升为法律。这是一个法律与社会现实的互动过程,也是私法实质化的一个结果:与近代私法相比,现代私法更为关注契约的实质妥当性,而不仅仅是契约的形式平等与自由。[1] 法律行为基础障碍制度不仅有利于贯彻实质正义,而且相对于其他法律规定刚性的解决方式,它更加柔性且灵活,即首先对合同进行调整,而不是

---

[1] 参见杨代雄:《法律行为基础瑕疵制度——德国法的经验及其对我国民法典的借鉴意义》,载《当代法学》2006年第6期。

直接废止合同。显然，这是一种建设性的解决路径。① 在德国家庭法司法实践中，"以婚姻为条件的给予"产生于默示或推定成立的家庭法合同，婚姻的存续即此类合同中的交易基础，婚姻破裂意味着交易基础的丧失。特殊情况下，还可以考虑不当得利请求权，此种请求权的成立条件是，夫妻之间的给予系为实现双方约定的共同生活目的，且为此目的而持续共同持有给予标的，接受方必须明确知晓给予方具有此主观目的。由于当事人约定的目的优先于交易基础，故从逻辑上看，应当首先考虑目的落空的不当得利请求权。②

上述思路需要找到与我国民法典体系结构的契合点。笔者认为，从我国民法典第九百八十五条的表述看，推定该条包括"目的不达的不当得利"似乎存在困难，较为切实可行的办法是通过参照适用民法典第五百三十三条的情势变更制度予以解决。理论上，类推适用一般包括三个步骤：第一，没有直接的法律规定；第二，有可以类推的法律规范，类推适用不违反相关规范的基本立法意旨；第三，需要调整的案件事实具有足够的相似性。夫妻间给予房产的行为虽然可以纳入民法典第一千零六十五条的涵摄范围，但是该条仅规定了约定对当事人具有法律约束力，对于该约定能否基于特定情况进行调整没有明确的规定。根据民法典第四百六十四条第二款的规定，可以对此情形参照适用民法典合同编的规定，但是该规定为概括参照适用条款，需要具体分析民法典合同编的哪些规定可以参照适用，哪些规定不可以参照适用。如果能够参照适用，还要考虑根据婚姻家庭领域纠纷的特殊性，判断是否需要调整规范的内容加以适用，具体包括调整规范的构成要件、法律效果或者同时对两者

---

① 参见杜景林：《德国新债法法律行为基础障碍制度的法典化及其借鉴》，载《比较法研究》2005 年第 3 期。
② 参见 [德] 迪特尔·施瓦布：《德国家庭法》，王葆莳译，法律出版社 2022 年版，第 174~175 页。

进行调整。① 民法典第五百三十三条在《最高人民法院关于适用〈中华人民共和国合同法〉若干问题的解释（二）》（法释〔2009〕5 号，以下简称《合同法解释二》，已废止）的基础上，明确规定了情势变更制度，即在合同成立后，合同的基础条件发生了当事人在订立合同时无法预见的、不属于商业风险的重大变化，双方在合理期限内协商不成的，当事人有权请求变更或者解除合同。德国法上的法律行为基础丧失规则最基本的依据是诚信原则，② 与我国民法典规定的情势变更制度有异曲同工之处。

如前所述，夫妻间给予房产行为存在默示的目的或交易基础，不同于无因性的赠与合同。该目的或者交易基础通常是建立或者维系、巩固婚姻家庭关系，增进双方感情和婚姻家庭凝聚力。在离婚的情况下，该目的无法全部实现，可以认定为发生了当事人无法预见的重大变化，与民法典合同编的情势变更制度具有相似性，需要基于诚信原则在特定情况下对合同严守规则予以突破，既"尊重个人对自己生活的自治安排"，也要保护家庭弱势成员，维系家庭良善底线。③ 情势变更制度以追求实质正义为目的，这与婚姻家庭的基本理念相吻合，有可以类推的基础。因此，在夫妻给予房产目的无法实现时，可以参照适用情势变更制度予以调整，以实现实质正义。

在参照适用时，有两个问题需要解决：一是考虑将"合同的基础条件"解释为不仅包括客观基础条件，也包括主观基础条件。一般认为，民法典第五百三十三条的规定仅包括客观基础条件变更，而不包括主观基础条件变更。但是，实践中确实有主观基础条件发生重大变化的情况，

---

① 参见陈彦晶：《论类推适用民法作为商法漏洞的填补方法》，载《清华法学》2024 年第 5 期。该文旨是论述类推适用民法填补商法漏洞，但是关于"变通"民法规则以适用商事纠纷特殊性的思路可予以借鉴。有关身份关系的协议在参照适用合同编规定时，亦有根据婚姻家庭领域特殊性予以调整的必要。

② 参见［德］维尔纳·弗卢梅：《法律行为论》，迟颖译，法律出版社 2013 年版，第 591 页。

③ 参见夏江皓：《家庭法介入家庭关系的界限及其对婚姻家庭编实施的启示》，载《中国法学》2022 年第 1 期。

夫妻间给予房产更多是因主观目的方面未全部实现产生纠纷。该目的虽为给予一方的主观意愿，但实际上也为接受给予一方明知，即双方长久共同生活并以夫妻共同体持续共享利益。对此，应采用目的性扩张解释方法，将目的未达到的情况视为基础条件发生变化。实际上，《合同法解释二》第二十六条关于情势变更制度的规定就包括了"不能实现合同目的"的情况。二是需要将适用范围拓宽至"合同已经履行完毕"的情形。从民法典第五百三十三条的表述看，适用情势变更制度的条件是"继续履行合同对于当事人一方明显不公平"，应解释为合同尚未履行完毕。如果合同已经履行完毕，则不存在继续履行的情况。情势变更制度适用于合同尚未履行或正在履行而发生了情势变更的情形。① 行为基础丧失规则还可适用于合同已履行完毕才发生重大的情势变更的场合。② 夫妻间给予房产的情况有的尚未履行，有的已经履行完毕。对于已经履行完毕的情况，如果严格按照民法典第五百三十三条的规定进行文义解释，则可能不符合该条的适用条件。因此，可以通过民法典第七条诚信原则予以解释或者通过对民法典第五百三十三条的规定进行目的性扩张解释，以达到和德国的法律行为基础丧失规则相同的法律效果。

具体应当区分情况作如下处理：如果双方没有协议离婚或者提起离婚诉讼，一方起诉请求变更或者解除合同的，因双方默示的合同成立基础尚未发生变化，对该请求应不予支持；在双方已经协议离婚或者在离婚诉讼中，一方请求返还给予的房产，双方协商不成的，应当根据公平原则和案件的具体情况，判断是变更还是解除合同，具体考虑的因素包括婚姻的持续时间、受赠人对家庭的付出、是否孕育子女、离婚过错等。同时，也要遵循《最高人民法院关于适用〈中华人民共和国民法典〉合同编通则若干问题的解释》（法释〔2023〕13号）第三十二条第二款、第四款的精神，"当事人请求变更合同的，人民法院不得解除合同；当事

---

① 之所以适用情势变更制度要求情势变更发生在履行完毕前，是因为合同因履行完毕而消灭，其后发生情势变更与合同无关。参见崔建远：《合同法总论》，中国人民大学出版社2012年版，第19页。

② 参见杨晋玲：《亲属法基础理论问题研究》，法律出版社2017年版，第338页。

人一方请求变更合同,对方请求解除合同的,或者当事人一方请求解除合同,对方请求变更合同的,人民法院应当结合案件的实际情况,根据公平原则判决变更或者解除合同";"当事人事先约定排除民法典第五百三十三条适用的,人民法院应当认定该约定无效"。在已经协议离婚或者提起离婚诉讼的情况下,又可以区分以下两种主要情形:在尚未办理转移登记时双方离婚的,如果双方共同生活时间较长,接受方对家庭付出较多,没有明显离婚过错,基于约定的拘束力,给予方要求变更或解除合同的,不应予以支持,该房产应判归接受方所有,当然可以视情况给予给予方一定补偿;在已经办理转移登记后一方提出离婚的,如果双方共同生活较短,接受方存在离婚过错等情形,虽然已经履行完毕,仍可以考虑扩大解释民法典第五百三十三条的规定,允许给予方以情势变更为由解除合同,由接受方返还,同时,可以根据案件实际情况对接受方给予适当补偿。当然,如果双方明确约定是单纯的赠与,不依附于婚姻关系而存在,可以按照赠与合同规则处理。

　　有学者提出,将此赠与行为认定为"以婚姻为条件的给予",没有尊重当事人的意思自治,违背了合同信守原则。因为夫妻间的赠与约定也是契约,应当信守,变更或者撤销赠与不应当因为离婚而成为常态。对此,笔者认为,夫妻间给予房产的约定首先应当对双方当事人具有法律约束力,这是合同严守原则的题中应有之义,但是合同信守原则不是要求任何情况都坚守合同约定而不考虑合同成立的基础。情势变更制度的正当性依据反而在于诚信原则。人民法院在个案中斟酌各种因素,公平正义地进行司法活动,实现双方利益平衡,正是实现诚信原则的方式。意思自治原则是民法的基本原则,婚姻家庭领域也应当尊重,但与财产法规则上的意思自治原则是以"理性人"设定为基础不同,婚姻家庭领域双方是以"伦理人"出现的,即婚姻家庭中的财产约定是以身份关系为基础的,具有附随性。因此,其中的意思自治不仅有当事人情感因素的考量,更是以身份关系维持为目的,如果完全无视该目的,则实质上没有尊重当事人的意思自治。从制度目的上看,情势变更制度与法律行为基础丧失制度相似,"是为维护契约正义而对契约神圣原则作出的限定,其仅为例外性质的规定,应当从严认定和解释"①。

五、夫妻间给予房产约定可适用法定撤销权

民法典第六百六十三条规定了法定撤销权的适用情形,与任意撤销权要求财产权利尚未转移不同,该条的规定主要针对的是财产权利已经转移的情形。在受赠人存在严重侵害赠与人或者赠与人近亲属合法权益、对赠与人有扶养义务而不履行或者不履行赠与合同约定义务的情形下,即使财产权利已经转移,赠与人仍可以撤销赠与。赠与合同中的法定撤销权与情势变更制度的关系,应为特别规定与一般规定的关系。情势变更制度适用于所有合同的情况,法定撤销权属于赠与合同中的特别规定。根据特别规定优先于一般规定的法律适用基本原则,如果出现上述情形,不需要援引一般情况下的情势变更制度,直接适用法定撤销权制度即可。虽然夫妻间给予房产属于夫妻间关于财产的约定,不适用赠与合同规则,但是本着举轻以明重的原则,在赠与系完全无偿的情况,尚需要受赠人满足一定的条件才有权保有受赠的财产,如果受赠人存在严重背义的行为,即便财产权利已经转移,赠与人仍有权单方撤销赠与。在夫妻间给予财物的情况下,接受方实际上需要负担维护婚姻家庭和谐稳定的对价,并非完全无偿获得该财物,此时,如果其严重损害赠与人利益,给予财物一方更应有权撤销该给予。由于法定撤销权的规定系建立在赠与的道德性和互惠性的基础上,故对夫妻间赠与也同样适用。②

实践中,存在模糊认识的是何谓"严重侵害赠与人合法权益",根据民法典总则编及人格权编的规定,民事权益包括民事权利和利益,具体包括生命权、身体权、健康权等人格权,基于人身自由、人格尊严的其他人格权益,及因婚姻家庭关系等产生的人身权利和各项财产权利等。

---

① 参见杜景林:《德国新债法法律行为基础障碍制度的法典化及其借鉴》,载《比较法研究》2005年第3期。

② 参见田韶华:《夫妻间赠与的若干法律问题》,载《法学》2014年第2期。

其中，因婚姻家庭关系等产生的人身权利应当包括民法典第一千零五十九条规定的夫妻间相互扶养的权利义务以及第一千零九十一条第一项和第二项规定的重大过错情形下的无过错方享有的权利。例如，接受财物一方实施重婚、与他人同居等严重违反夫妻忠实义务行为的，应当认定为严重侵害赠与人合法权益的行为，即使财产权利已经转移，给予财物一方也应当享有撤销权。

六、夫妻间给予房产约定能否发生物权变动效果

根据引起物权变动的法律事实是否为法律行为，物权变动一般分为基于法律行为的物权变动和非基于法律行为的物权变动。前者以登记为生效要件，后者自该事实成就时，物权变动即发生效力。民法典第二百零九条规定，不动产物权的设立、变更、转让和消灭，经依法登记，发生效力；未经登记，不发生效力，但是法律另有规定的除外。一般认为，"法律另有规定"是指民法典第二百二十九条至第二百三十一条关于因法律文书、征收决定、继承、合法建造与拆除房屋等发生物权变动的规定。对夫妻间给予房产约定能否产生物权变动的效果，目前理论界主要有三种观点：公示生效主义[1]、公示对抗主义[2]和非基于法律行为的物权变动[3]。笔者认为，应当以婚姻家庭和交易安全平衡保护为出发点，区分不同法律关系项下争议问题，而不应笼统地予以讨论。

（一）在夫妻关系内部

该约定系基于夫妻意思自治产生，应属于民事法律行为，因此，在物权法层面，应遵守登记生效主义规则。这既与物权法规范保持体系解

---

[1] 参见冉克平：《夫妻团体法：法理与规范》，北京大学出版社2022年版，第44~46页；王轶、蔡蔚然：《基于婚内财产分割协议的物权变动》，载《国家检察官学院学报》2023年第2期。

[2] 参见程啸：《婚内财产分割协议、夫妻财产制契约的效力与不动产物权变动——"唐某诉李某某、唐某乙法定继承纠纷案"评释》，载《暨南学报（哲学社会科学版）》2015年第3期。

[3] 参见裴桦：《夫妻财产制与财产法规则的冲突与协调》，载《法学研究》2017年第4期；夏吟兰、薛宁兰主编：《民法典之婚姻家庭编立法研究》，北京大学出版社2016年版，第56页。

释上的一致,在婚姻保护价值层面亦不会造成严重损害。因为该类纠纷一般发生在离婚诉讼中,即便认定该约定产生物权变动效力,在经过情势变更制度的检视后,如果认定该财产仍应给予接受一方,也要判决登记一方负有转移登记义务,此与不发生物权变动效力的债权请求权差别不大。因为,即使认定该约定不产生物权变动的效力,接受财产一方亦享有请求转移登记的请求权,此时登记一方不能以其享有物权为由抗辩根据双方约定所负有的转移登记义务。可见,两种解释路径对接受财产一方的保护力度实质上差别不大。在只有夫妻二人的法律世界里,债权与物权的区分通常并无意义。① 其中,可能受影响的主要是诉讼时效问题。从比较法上来看,多数国家和地区均将夫妻关系之存续作为时效中止或不完成的法定事由。对此,可通过对民法典第一百九十四条第一款第五项进行解释,② 将夫妻关系之存续纳入诉讼时效的中止事由,③ 从而实现对接受财产一方权益与类似物权的同等保护。

(二) 在对外关系层面

如果夫妻给予房产的约定已经履行,即一方个人财产已经转移登记至另一方名下或者"加名",发生物权变动效果自不待言。如果是"假给予真逃债",亦如离婚协议一样,应当有债权人撤销权制度的适用空间;如果夫妻间给予房产的约定尚未履行,若认定能够发生物权变动,那么给予财产一方个人负债的情况下,该房产因为给予行为将被排除在责任财产之外,容易产生道德风险。虽然该情况亦可通过债权人撤销权制度予以纠正,但是,基于婚姻关系的私密性特点,夫妻间给予房产的约定很难为外人所知悉,在无公示手段的情况下,将导致相关事实认定变得更加困难。需要进一步分析的是,如果此情况认定不产生物权变动效果,

---

① 参见贺剑:《夫妻个人财产的婚后增值归属——兼论我国婚后所得共同制的精神》,载《法学家》2015年第4期。
② 参见朱虎:《诉讼时效制度的现代更新——政治决断与规范技术》,载《中国高校社会科学》2017年第5期。
③ 参见房绍坤:《诉讼时效停止制度的立法选择》,载《广东社会科学》2016年第1期。

是否对接受财产一方产生重大不利,以致必须以牺牲交易安全为代价。对此,也存在两种情况,一种是接受财产的一方对外负有个人债务,此时,因该房产未发生物权变动,不属于接受财产一方的责任财产,其利益可以得到充分保护;另一种是给予财产一方对外负有个人债务,此时,如果认定该房产未发生物权变动效力,则将被纳入给予财产一方的责任财产范围,而且因为该财产为给予财产一方的个人财产,这将对接受财产一方不利。考虑到该风险是可以事先防控的,而债权人一方不仅存在举证困难,而且也无法对夫妻间的财产变动事先防范,这对交易安全的冲击是巨大的。两相比较,采取登记生效主义观点不仅能够与物权法规则在体系解释上协调一致,亦在价值保护上实现适当平衡。

【最高人民法院案件解析】

承保诉讼财产保全责任保险的保险公司应负赔偿责任性质的认定

——上诉人某建设公司、某保险公司与被上诉人某学院因申请财产保全损害责任纠纷案

于 蒙[*]

法理提示：申请保全人投保诉讼财产保全责任保险后，保险公司向人民法院出具的保函，具有保障被申请人债权实现的功能。保险公司具体承担责任的范围、形式、性质，需要根据保函的具体内容确定。如果保函中无承担连带责任的约定，不宜认定为连带责任。如果保函记载是以保险公司应当承担的保险责任作为担保，则可在查明保险金额的基础上，判令保险公司对被申请人承担先行赔付责任，不足以赔偿部分由申请人承担。

一、当事人及案件来源

上诉人（原审被告）：某建设公司。

上诉人（原审被告）：某保险公司。

被上诉人（原审原告）：某学院。

上诉人某建设公司、某保险公司与被上诉人某学院因申请财产保全

---

[*] 最高人民法院民事审判第一庭三级高级法官。

损害责任纠纷一案，不服湖北省高级人民法院（2021）鄂民初2号民事判决，向最高人民法院提起上诉。

二、当事人起诉情况

某学院一审主要起诉请求：（1）判令某建设公司赔偿因申请财产保全错误给某学院造成的损失2901725.92元（其中，冻结资金部分以38886233.56元为基数，按照同期银行贷款年利率4.35%与中国人民银行同期挂牌活期存款年利率0.3%的差额即年利率4.05%计算，自2017年10月25日计算至2018年6月30日，为1084925.92元；评估费16800元；原一审、二审律师代理费180万元）；（2）判令某保险公司对上述损失承担连带赔偿责任。

三、一审法院查明情况

2016年6月4日，湖北省高级人民法院（以下简称湖北高院）就某建设公司与某集团民间借贷纠纷一案作出判决，判令某集团向某建设公司偿还借款本金1.4亿元及利息。判决生效后，某集团未履行法定义务，某建设公司申请强制执行。2017年1月22日，某建设公司向某学院发出《关于建议启动实施某学院博览馆项目保障国有资产权益的函》，载明"据悉，贵院于2007年已开始与公司1、某集团、公司2等相关方开展了由贵院出地，某集团施工，公司2运营（实质上未进行任何投入）的合作模式……"。

2017年9月8日，某建设公司以某学院为被告、某集团作为第三人，向湖北高院提起代位权诉讼，主张某集团负责某学院实验大楼及后勤服务中心建设，累计完成工程价款为2亿元，但某学院未按合同约定向某集团支付工程款，遂请求判令某学院向其支付2亿元。

2017年9月22日，某建设公司申请对某学院2亿元的银行存款或等值财产采取保全措施，某保险公司向湖北高院出具了《某保险公司诉讼财产保全责任保险保函》及保险单，承诺"如申请人财产保全申请错误致使被申请人遭受损失,经法院判决由申请人承担的损害赔偿责任,保险人负责赔偿,且无免赔"。2017年9月25日,湖北高院裁定准予某建设公司的财产保全申请。

2017年10月25日、2017年10月30日,湖北高院实施保全措施,冻结某学院两个资金账户。某学院不服裁定,提出复议,被驳回。后某学院申请解除财产保全措施,以其所有的一处房地产作为担保。2018年6月20日,湖北高院查封上述房地产,解除对某学院两个资金账户的冻结。

某学院在前述资金账户被冻结后,对外贷款1500万元。某学院在被冻结账户解封后,分别于2018年6月21日、2018年9月21日、2018年10月22日提前偿还贷款,支付贷款利息共计194843.75元。

另查明,某建设公司代位权纠纷一案,湖北高院作出判决,驳回某建设公司的诉讼请求。某建设公司不服,提起上诉,最高人民法院作出判决,驳回某建设公司上诉,维持原判。

此外,某学院因与某建设公司代位权纠纷一案,支付该案一审、二审诉讼代理费共计180万元。

四、一审法院认定与判决

一审法院认为,本案有三个争议焦点:一是某建设公司申请案涉财产保全是否存在错误;二是如果某建设公司申请财产保全错误,某学院主张的损失赔偿能否成立;三是如果某学院主张的损失赔偿成立,某保险公司应否承担连带赔偿责任。

(一)某建设公司申请案涉财产保全是否存在错误

一审法院认为,根据合同法第七十三条及《最高人民法院关于适用〈中华人民共和国合同法〉若干问题的解释(一)》第十一条的规定,债权人只有在其债务人享有对他人的到期债权,且怠于行使该到期债权的前提下,才能主张代位权并提起代位权诉讼。从某建设公司在代位权纠纷一案中提交的证据看，没有能够直接证明某集团对某学院享有到期债权的相关证据资料。相反，从某建设公司提交的《湖北省建设工程施工合同》中关于工程款结算的约定内容、某集团 2013 年 8 月 15 日单方制作的《结算报告》看，某集团与某学院之间就工程款结算存在争议。由此说明，某建设公司在提起代位权诉讼之前，并不掌握某集团对某学院是否享有到期债权这一基本事实。而从某建设公司 2017 年 1 月 22 日向某学院发出的《关于建议启动实施某学院博览馆项目保障国有资产权益的函》记载内容看，某建设公司在 2017 年 9 月 8 日提起代位权诉讼之前，已知晓某学院与某集团、公司 2 等相关方在案涉工程项目上的合作模式，即某学院出地，某集团施工并由公司 2 运营的 BOT 模式。在该合作开发模式下，某学院对某集团并无支付工程款义务。因此，某建设公司是在明知某集团对某学院并不享有到期债权的情况下，以某集团债权人的身份对某学院提起的代位权诉讼，申请诉讼中的财产保全明显存在过错。根据侵权责任法第六条第一款关于"行为人因过错侵害他人民事权益，应当承担侵权责任"的规定，应当承担相应民事责任。

（二）某学院主张的损失赔偿能否成立

关于某学院主张资金账户中被冻结资金利息损失。一审法院认为，某学院作为省级财政预算单位，账户资金并不用于市场经营，日常亦不会产生等同于定期贷款利率的利息收益，账户资金在被冻结期间仍在正常计息，并无利息损失。因此，某学院主张被冻结资金利息损失，不予支持。但是，财务往来账户被冻结，影响了某学院日常财务收支活动，阻碍其正常开展工作。某学院主张因财务往来账户被冻结，被迫另行筹措和拆借资金用于支付人员工资和各项开支，为此向银行贷款 1500 万元并支付贷款利息，该项损失与某建设公司错误申请财产保全行为之间具有因果关系，应予以支持。

关于 16800 元不动产评估服务费损失问题。经审理查明，某学院在日常资金往来账户被冻结后，为解除对两账户的冻结，提供该院名下不动产作为反担保，并应法院要求委托第三方对该不动产价值进行评估，为此支付评估服务费16800元。该笔费用系某学院为解除案涉财产保全提供反担保所支付的必要费用，与某建设公司错误申请财产保全存在因果关系，应予以支持。

关于180万元律师代理服务费损失问题。根据委托代理合同的约定，某学院主张的180万元律师代理费系为参与代位权诉讼购买法律服务所发生的费用，应在前述案件中主张。该笔费用的发生与某建设公司是否申请涉案财产保全，以及保全是否错误并无直接因果关系，依法不予支持。

（三）某保险公司应否承担连带责任

本案中，某保险公司向法院出具《某保险公司诉讼财产保全责任保险保函》，为某建设公司诉讼中财产保全申请提供担保，并承诺如某建设公司申请错误致使被申请人某学院遭受损失，经法院判决由某建设公司承担的损害赔偿责任，由该公司负责赔偿。某保险公司上述承诺系构成连带责任保证。某学院主张某保险公司与某建设公司连带赔偿其损失，符合担保法第十八条的规定，具有事实和法律依据。一审法院依法予以支持。

综上所述，一审法院判决：（1）某建设公司赔偿某学院211643.75元（评估服务费16800元+贷款利息损失194843.75元），限判决生效之日起十五日内付清；（2）某保险公司对上述第一项债务承担连带责任；（3）驳回某学院的其他诉讼请求。

五、当事人上诉请求

某建设公司主要上诉请求：改判驳回某学院的全部诉讼请求。主要理由：（1）某建设公司申请诉中财产保全时不存在过错，已尽到注意义务，申请财产保全合法、合理，不应当承担财产保全损害赔偿责任。（2）贷款利息损失及评估服务费支出与财产保全行为没有必然因果关系。（3）某保险公司对某建设公司的申请财产保全行为提供了保函担保，即便人民法院最终认定某建设公司承担损害赔偿责任，也应当由某保险公司直接承担，不应当由某建设公司承担。

某保险公司主要上诉请求：撤销一审判决，改判驳回某学院的全部诉讼请求。主要理由：（1）某建设公司申请财产保全并无主观恶意和重大过失。（2）某学院对外贷款不存在必要性。评估费、贷款利息与保全行为不存在法律上的因果关系。（3）某学院被冻结的账户解封后四个月才归还贷款，解封之后的贷款利息与保全行为无关。（4）某保险公司是向一审法院提供保全担保，不是向某建设公司提供保全担保，是司法担保行为而不是民事担保行为，与某建设公司不构成共同侵权，一审法院依据担保法判决两者承担连带责任没有事实依据和法律依据。

六、二审法院认定与判决

最高人民法院认为，本案有三个争议焦点：一是某建设公司申请财产保全是否存在错误；二是某建设公司申请财产保全的行为是否给某学院造成损失以及损失数额的认定；三是某保险公司应否承担赔偿责任。

关于争议焦点一，某建设公司申请财产保全是否存在错误的问题。民事诉讼法（2021年修正，下同）第一百零八条规定："申请有错误的，申请人应当赔偿被申请人因保全所遭受的损失。"该条规定的因保全引起的损害赔偿责任属于一般侵权责任，应以过错责任为归责原则。本案中，某建设公司在对某学院提起代位权诉讼时，没有对其债务人某集团对某学院是否享有到期债权进行有效核实。其提交的《湖北省建设工程施工合同》和《结算报告》等证据不能证明某集团对某学院享有到期债权。同时，在代位权诉讼中，一审判决没有支持某建设公司诉讼请求的理由之一为，各方当事人应当按照某学院与公司1、公司2签订的2007年合同、2011年委托代建合同和2013年协议书确定案涉项目的债权债务关系。根据上述协议的约定，案涉项目是由公司2负责投资建设，某学院不负有支付工程款的义务。而根据查明的事实，2017年1月22日，某建设公司向某学院发出《关于建议启动实施某学院博览馆项目保障国有资产权益的函》，其中提到了某学院出地、公司2运营的合作模式。这说明某建设公司对案涉项目的合作模式有一定程度的了解。在这种情形下，某建设公司仍然提起代位权诉讼，主观上存在过错。综上所述，一审判决认定某建设公司存在申请财产保全错误并无不当，某建设公司和某保险公司关于该点的上诉理由不能成立。

关于争议焦点二，申请财产保全的行为是否给某学院造成损失以及损失数额的认定问题。根据侵权责任法第六条第一款关于"行为人因过错侵害他人民事权益，应当承担侵权责任"的规定，某建设公司若因其申请保全行为给某学院造成损失，应予以赔偿。本案中，因某建设公司申请保全的行为，某学院的两个银行账户被冻结，被冻结期间该账户内的资金无法转出并使用，必然会对某学院的日常财务收支产生影响。根据一审查明的事实，被冻结的两个账户内的余额合计3000万余元，在两个账户被冻结后，某学院向银行借款1500万元，实际支付了194843.75元贷款利息。该利息是因对外借款产生，而对外借款与两个银行账户被冻结存在因果关系，且借款的数额并未超出被冻结的资金数额，利息对应的利率也未超出法定标准，故一审判决认定该利息损失应由某建设公司赔偿并无不当。某建设公司主张某学院没有在被冻结的账户解封后立即偿还贷款，故产生贷款利息损失，但是，从查明的事实看，某学院所签订《委托贷款合同》约定的贷款期限为一年，至2018年12月4日届满，在2018年6月20日某学院账户被解封时，该贷款尚未到期。之后，某学院于2018年6月21日、9月21日和10月22日偿还贷款，已经属于提前还款，故某学院并不存在逾期还款等原因致使损失扩大的情形，故某建设公司关于其不应当承担利息损失的主张不能成立。关于16800元评估服务费，是某学院为解除案涉财产保全提供反担保所支付的必要费用，与某建设公司申请保全的行为存在因果关系，故一审判决该费用损失由某建设公司赔偿并无不当。综上所述，某建设公司应赔偿某学院211643.75元（评估服务费16800元+贷款利息损失194843.75元），某建设公司和某保险公司关于该上诉理由均不能成立,不予支持。

关于争议焦点三,某保险公司是否应当承担赔偿责任的问题。根据已经查明的事实,某保险公司向湖北高院出具《某保险公司诉讼财产保全责任保险保函》,其中第四条"保险责任"约定:"财产保全申请人某建设公司与被申请人某学院因经济纠纷案向法院提出财产保全申请,申请保全被申请人价值2亿元的财产。申请人特向某保险公司购买诉讼财产保全责任险,并以此保险向贵院提供担保。如申请人财产保全申请错误致使被申请人遭受损失,经法院判决由申请人承担的损害赔偿责任,保险人负责赔偿,且无免赔。"根据该保函载明的内容,在某建设公司向某保险公司购买诉讼财产保全责任险后,某保险公司是以其承担的保险责任作为某建设公司申请财产保全的担保,并非以其全部责任财产为某建设公司提供担保,故一审判决认定某保险公司提供连带责任保证,并判令其承担连带责任缺少事实依据和法律依据,予以纠正。

根据该保函的承诺,若人民法院判决某建设公司承担损害赔偿责任,某保险公司负责赔偿。本案中,前述已经认定某建设公司保全申请错误,应当承担损害赔偿责任,故某保险公司应当承担赔偿责任。某保险公司关于其不应当承担赔偿责任的上诉理由不能成立。对于某建设公司,因其和某保险公司之间存在诉讼财产保全责任险合同关系,根据保险法第六十五条第二款的规定"责任保险的被保险人给第三者造成损害,被保险人对第三者应负的赔偿责任确定的,根据被保险人的请求,保险人应当直接向该第三者赔偿保险金……",现某建设公司关于其即便承担赔偿责任,也应仅判令某保险公司承担赔偿责任而其不应当承担赔偿责任的上诉理由,应视为其请求保险人直接向第三者赔偿保险金,故对于某建设公司对某学院应负的赔偿责任,某保险公司应当承担先行赔付责任,即由其在理赔金额范围内承担损失赔偿责任,不足以赔偿的部分由某建设公司承担。

综上所述,经最高人民法院审判委员会讨论决定,判决如下:(1)撤销湖北高院(2021)鄂民初2号民事判决;(2)某建设公司应当向某学院赔偿211643.75元。对于该款项，某保险公司应当承担先行赔付责任，即由其在理赔金额范围内承担损失赔偿责任，不足以赔偿的部分由某建设公司承担。上述款项支付限于本判决生效之日起十五日内完成。(3) 驳回某学院的其他诉讼请求。

七、对本案的解析

根据民事诉讼法第一百零三条的规定，在因对方当事人的行为或者其他原因，使判决难以执行或者造成当事人其他损害的案件，一方当事人可以申请对对方的财产进行保全。这是为了保障之后案件的执行，赋予当事人的一项诉讼权利。但是，同时，为了防止当事人滥用这种权利，民事诉讼法又设置了一些限制。比如，民事诉讼法第一百零三条第二款规定"人民法院采取保全措施，可以责令申请人提供担保"，第一百零五条规定"保全限于请求的范围，或者与本案有关的财物"，第一百零八条规定"申请有错误的，申请人应当赔偿被申请人因保全所遭受的损失"，即为了防止权利滥用，民事诉讼法从事前审查、事中限制、事后救济方面均作了规定。

尽管如此，实践中，以民事诉讼法第一百零八条的规定作为依据提起诉讼，要求申请保全人赔偿损失的案件依然不在少数。这些案件中，当事人争议的主要焦点往往在于申请保全一方是否构成申请错误。对此，虽然目前的法律、司法解释没有直接规定，但是先后结合侵权责任法、民法典相关规定，多年司法实践基本形成共识，保全错误损害赔偿案件应属于一般侵权案件，构成申请错误需要申请保全人主观上有过错。这种过错不能简单地以其诉讼请求最终有无得到支持为判断标准，需要结合申请保全的必要性、保全金额及保全方式的合理性、裁判结果送达后有无及时申请解除超额部分保全等因素来判断。本案审理过程中，根据当事人的诉辩情况，形成了三个争议焦点问题。其中，第一个争议焦点问题即是否构成申请错误，对此生效判决书已经进行了分析，不是本文重点解析的问题，故不再赘述。同理，第二个争议焦点问题，关于具体损失的认定，也不再展开分析。

　　为了防止申请人滥用申请保全的权利，民事诉讼法第一百零三条第二款规定"人民法院采取保全措施，可以责令申请人提供担保"。实践中，申请人提供担保的方式包括财产担保、保证担保，也包括以保险公司与申请保全人签订财产保全责任险合同的方式提供担保。第一，在提供财产担保的情形下，根据《最高人民法院关于人民法院办理财产保全案件若干问题的规定》（2020年修正，以下简称《财产保全规定》）第六条第一款的规定，"申请保全人或第三人为财产保全提供财产担保的，应当向人民法院出具担保书。担保书应当载明担保人、担保方式、担保范围、担保财产及其价值、担保责任承担等内容，并附相关证据材料"。例如，在（2017）最高法民终118号案件中，第三人为申请保全人提供财产担保，出具《财产保全担保书》，明确表示以其名下某房产为申请人的保全提供财产担保，如因财产保全不当给被保全人造成损失的，愿承担相应责任。最高人民法院二审判决在认定申请保全人应当赔偿被保全人因申请财产保全错误造成的损失的基础上，认定被保全人有权就判决第一项确定的债权对第三人名下某房产折价或者拍卖、变卖价款优先受偿。第二，在提供保证担保的情形下，《财产保全规定》第六条第二款规定："第三人为财产保全提供保证担保的，应当向人民法院提交保证书。保证书应当载明保证人、保证方式、保证范围、保证责任承担等内容，并附相关证据材料。"即具体第三人承担何种保证责任，应当根据其提交的保证书记载的内容来认定，例如，是一般保证还是连带责任保证，保证的范围具体如何等。第三，在保险公司提供担保的情形下，根据《财产保全规定》第七条的规定，"保险人以其与申请保全人签订财产保全责任险合同的方式为财产保全提供担保的，应当向人民法院出具担保书。担保书应当载明，因申请财产保全错误，由保险人赔偿被保全人因保全所遭受的损失等内容，并附相关证据材料"。实践中，这种担保方式因其便捷优势，应用越来越广泛，并催生了诉讼财产保全责任险这个险种。申请保全人先行向保险公司投保财产保全责任险，投保成功后，保险公司再向执行法院出具担保书,执行法院再据此判断是否接受保全申请。如果申请人构成申请保全错误,不仅申请人承担损害赔偿责任,保险公司亦应当根据担保书承担相应责任。实践中,争议最大的就是,保险公司出具的担保书性质如何认定?保险公司具体应当承担何种形式的责任?保险公司承担责任与申请人承担赔偿责任之间是什么关系?这是本案的第三个焦点问题,也是本案二审判决对一审判决进行改判的重要原因。具体分析如下。

关于保险公司向人民法院出具的担保书的性质,有不同观点。一种观点认为,担保书是由保险公司向人民法院出具,应属于司法担保,而非平等民事主体之间的担保;另一种观点认为,保险公司虽然是向人民法院出具,但是出具目的是对申请人可能负担的申请保全错误损害赔偿之债务提供担保,是为被保全人可能享有的损害赔偿之债权提供保障,实质上还是民事主体之间的担保。笔者认为,担保书虽然是向法院出具,但是的确具有担保功能,只是具体担保的形式以及性质,比如,是构成保证、债务加入还是其他,需要根据担保书的具体内容认定。如本案中,保险公司向执行法院出具保函,载明:"申请人特向某保险公司购买诉讼财产保全责任险,并以此保险向贵院提供担保。如申请人财产保全申请错误致使被申请人遭受损失,经法院判决由申请人承担的损害赔偿责任,保险人负责赔偿,且无免赔。"一审法院将此认定为连带责任保证。二审法院经审理认为,根据保函的记载,某保险公司虽然承诺"负责赔偿,且无免赔",但是以其承保的诉讼财产保全责任险对应的保险责任作为担保,并非以其全部责任财产提供担保,这一点不同于保证责任,且无承担连带责任的约定,故一审判决认定保险公司提供连带责任保证存在不当,二审法院对此予以纠正。

关于保险公司具体应当承担何种形式的责任,需要分析其和申请人之间的关系。申请人投保诉讼财产保全责任险后,其与保险公司之间成立保险合同关系,保险公司为保险人,申请人为被保险人。从性质上讲,诉讼财产保全责任险是一种责任保险,以被保险人(申请保全人)对第三者（被申请保全人）依法应负的赔偿责任为保险标的。即当申请人因申请财产保全行为给被申请人造成损害，依法应负赔偿责任时，保险公司赔偿保险金。所以，虽然从形式上看，保险公司承担赔偿责任的依据为其向人民法院出具的担保书，但是根源上，其责任还是来源于保险合同。① 具体承担责任的范围，比如保险金额，要根据保险合同的约定确定。② 但是如果保险公司在担保书中作出与保险合同不同的承诺，在确定保险公司的赔偿责任时，要以担保书的承诺为准。③

关于保险公司承担的责任与申请人承担的赔偿责任之间是什么关系，实践中争议较大。第一种观点认为，两种责任性质不同，可以并列。申请人申请财产保全错误使被保全人遭受损失，承担的为侵权责任。保险公司是基于其向人民法院出具的担保书承担责任，与保全虽有关联，但非同一法律关系。申请人与保险公司之间系基于不同的发生原因对被保全人负有同一给付内容的债务，申请人与保险公司承担的实质上为连带责任。第二种观点认为，根据民法典第一百七十八条第三款的规定"连带责任，由法律规定或者当事人约定"，如果担保书中未载明或者当事人未约定连带责任，不宜判决承担连带责任。申请人与保险公司之间系基于不同的发生原因对被保全人负有同一给付内容的债务，属于不真正连带责任，可在判决申请保全人承担赔偿责任的同时，判决保险公司承担赔偿责任。至于保险公司与申请保全人之间的追偿问题，可另行按照其保险合同及保险法规定解决。第三种观点认为，诉讼财产保全责任险究竟是责任保险、保证保险抑或是以保险形式提供的担保，一直存在争议。在未对此险种的性质作出统一明确的认定之前，根据保险合同的具体内

---

① 有些案件中，保险公司只是向执行法院出示保单，并未另行出具担保书。这种情形下，保险合同作为确定保险公司承担责任的依据的重要性更为凸显。

② 例如，（2020）最高法民终730号案件中，保险公司在保函中约定经法院判决由申请人承担的损害赔偿责任，保险人向被申请人按照法院判决金额在保险限额内进行赔偿。生效判决据此对赔偿数额是否超出保险金额进行了分析认定。

③ 例如，（2020）最高法民申4766号案件中，保险公司在保函中明确承诺经法院判决由申请人承担的损害赔偿责任，保险公司承担连带赔偿责任。生效判决据此判令保险公司承担连带赔偿责任。

容确定当事人之间的交易安排，确定保险公司在相关法律关系中的权利义务，较为稳妥。故可以按照责任保险判决保险公司承担先行赔付责任。经过最高人民法院审判委员会讨论，本案二审判决最终采用了保险公司先行赔付、申请人承担补充责任的处理方式，主要考虑有：第一，某保险公司在保函中承诺"负责赔偿，且无免赔"，故某保险公司应当承担赔偿责任。但是保函中未约定连带责任，故不能判令某保险公司与申请人承担连带赔偿责任。第二，某保险公司出具保函的根本原因在于其与申请人之间存在保险合同关系。诉讼财产保全责任险实质上就是责任保险。保险法第六十五条第二款规定："责任保险的被保险人给第三者造成损害，被保险人对第三者应负的赔偿责任确定的，根据被保险人的请求，保险人应当直接向该第三者赔偿保险金……"本案诉讼中，某建设公司已经作出了请求某保险公司直接向第三者赔偿保险金的意思表示，故某保险公司应当在保险金额范围内承担先行赔付责任。这样也同时处理了某保险公司与申请人某建设公司之间的保险合同关系。第三，某保险公司出具保函，是以其承担的保险责任作出的担保，是为了加强对被申请人的保障。为了防止某保险公司赔偿能力不足，申请人某建设公司要承担补充责任，即某保险公司不足以赔偿的部分由申请人某建设公司承担。

约稿函

《民事审判指导与参考》由最高人民法院民事审判第一庭编。自2000年创办以来，本书以传播最高人民法院民事审判政策和指导意见、介绍最高人民法院和全国地方各级人民法院的优秀审判工作经验以及审判实践中疑难问题的解决思路为己任，对全国法院民事审判工作起到了重要的指导与参考作用，并为全国民事审判工作人员及其他关注、研究民事审判工作的法律工作者提供了一个广阔、互动的交流平台。为了能够有更多优秀稿件更好地反映各地民事审判研究成果，特在此向全国法院系统人员征集与民事审判相关的稿件：

【业务文章】主要收录民事审判实体法律适用以及裁判方法、审判理念等方面的文章，文章应立足审判实践，言之有物、论证有据、观点明确，切忌拖沓，每篇6000字左右为宜。

【地方法院案件解析】主要收录各地法院审结具有典型性和一定指导意义的案件，主要包括基本案情、审判情况及对涉及的法律问题的评析。每篇文章不超过5000字。

【热点调研】主要收录各地法院针对民事审判实践中的新情况、新问题进行调研形成的调研成果，调研文章应当数据翔实、分析论证透彻，并提出相应的意见和建议。每篇文章以1万字左右为宜。

【地方法院传真】主要收录各地法院有关民事审判工作的规范性意见和文件等，为各地法院提供一个信息共享、经验交流的平台。

来稿请发送到以下电子邮箱，并注明联系人电话等联系方式，写作规范及体例请参照已出版图书相应栏目的文章。

联 系 人：张一宸

电　　话：010-67556755

电子邮箱：zuigaofaminyiting@163.com

最高人民法院民事审判第一庭
《民事审判指导与参考》编辑部

中国审判指导丛书
——各级人民法院审判工作权威参考指导用书

《刑事审判参考》：最高人民法院刑事审判第一庭、第二庭、第三庭、第四庭、第五庭共同主办。自 2021 年起，丛书由人民法院出版社出版发行，作为《中国审判指导丛书》的重要组成部分。丛书自 1999 年 4 月创办以来，秉承立足实践、突出实用、重在指导、体现权威的编辑宗旨，在编辑委员会成员、作者和读者的共同努力下，密切联系刑事司法实践，为刑事司法人员提供了有针对性和权威性的业务指导和参考，受到刑事司法工作人员和刑事法律教学、研究人员的广泛欢迎。丛书主要收录指导案例、刑事司法规范及其理解与适用、刑事政策及其解读、理论前沿、实务探讨、编辑部答疑、经验交流、疑案争鸣等内容。2021 年，作者将对丛书的体例、栏目设置及相关内容等进行完善和提升，力求以全新的面貌将更权威、实用的内容展现给读者。全年 6 辑，每辑 68.00 元，共 408.00 元。

《民事审判指导与参考》：最高人民法院民事审判第一庭编。丛书收录最高人民法院关于民事审判工作的司法解释及其理解与适用、指导意见和最新政策精神及其解读、民事审判会议纪要、最高人民法院典型案例评析、示范性裁判文书、实务研讨、理论研究、各地方法院经验交流等内容，旨在传播最高人民法院和地方各级人民法院的优秀民事审判工作经验，对最新疑难经典案例进行探讨与解析，提供审判实践中解决疑难问题的思路，是最高人民法院民事审判第一庭履行对下指导职责的工作平台。全年 4 辑，每辑 68.00 元，共 272.00 元。

《商事审判指导》：最高人民法院民事审判第二庭编。丛书刊登最高人民法院关于商事审判工作的指导意见、司法解释及其理解与适用、典型案例评析文章、示范性裁判文书、地方实务调研成果、理论研究文章等。丛书对各级人民法院商事审判工作具有重要指导作用和参考价值。全年 2 辑，每辑 68.00 元，共 136.00 元。

《知识产权审判指导》：最高人民法院民事审判第三庭编。丛书主要内容包括知识产权审判政策与精神、司法解释理解与适用、调研报告和案例评析，以及反映知识产权审判动态的专题论述和优秀裁判文书等。丛书对各级人民法院知识产权审判工作具有重要指导作用和参考价值。全年 2 辑，每辑 68.00 元，共 136.00 元。

《涉外商事海事审判指导》：最高人民法院民事审判第四庭编。丛书收录当年出台的司法解释、司法指导性文件以及涉外商事案件相关问题的批复和案例评析，重点收录最高人民法院对高级人民法院有关国际商事仲裁裁决司法审查法律问题请示的复函，并附有高级人民法院的请示。丛书对各级人民法院涉外商事海事审判工作具有重要指导作用和参考价值。全年2辑，每辑68.00元，共136.00元。

《立案工作指导》：最高人民法院立案庭编。丛书主要收录有关立案的司法解释理解与适用、各级人民法院立案工作的实践经验、调研报告和案例评析等。丛书对各级人民法院立案工作具有重要指导作用和参考价值。全年2辑，每辑68.00元，共136.00元。

《审判监督指导》：最高人民法院审判监督庭编。丛书主要收录关于审判监督工作的司法解释及其理解与适用、最新的政策与精神及其解读、最高人民法院案例评注、典型案例、会议纪要、优秀裁判文书、业务交流等内容。另外，还设置了审监信箱，回应全国法院审判监督工作中的疑难问题。丛书对各级人民法院审判监督工作具有重要指导作用和参考价值。全年2辑，每辑68.00元，共136.00元。

《中国少年司法》：最高人民法院少年法庭工作办公室编。丛书设置了有关少年司法工作的政策与精神、法官论坛、改革与探索、理论与实务研究、典型案例、裁判文书以及规范性文件等栏目。丛书的出版，旨在切实加强对少年司法工作相关问题的研究、加强对全国少年法庭工作的指导、强化相关方面的调查研究和理论探讨。丛书对各级人民法院少年审判工作、相关政法部门少年司法执法工作和有关社会组织的未成年人权益保护工作，都有重要的指导作用。全年4辑，每辑68.00元，共272.00元。

《执行工作指导》：最高人民法院执行局编。丛书对我国目前执行工作中的重点、热点和难点问题，从不同角度进行理论研究和实践经验的提炼与总结；同时，丛书紧紧围绕最高人民法院执行工作大局，紧密结合执行工作理论与实践，为全国广大法官以及其他法律职业者提供及时、权威的执行工作业务指导和参考，对正确理解相关规定、统一执法标准和破解执行难问题具有重要指导作用。全年4辑，每辑68.00元，共272.00元。

《国家赔偿与司法救助办案指导》：最高人民法院赔偿委员会办公室编。编委会成员分别由全国人大法工委国家法室、最高人民法院赔偿委员会办公室、最高人民检察院刑事申诉检察厅、公安部法制局、司法部法制司、财政部条法司等部委工作人员组成，收录了国家赔偿与司法救助相关的政策、法律法规、司法解释及其理解与适用，有普遍指导意义的请示案件及其答复，重大新型疑难案例评析，国家赔偿理论与实务研究，国家赔偿工作调研报告，地方国家赔偿工作动态等内容，集中反映最高人民法院、最高人民检察院等单位对于国家赔偿工作重要政策、观点、理论研究和实践指导的意见，对国家赔偿与司法救助工作具有重要的指导作用和参考价值。全年2辑，每辑68.00元，共136.00元。

2025 年中国审判指导丛书征订单

银行汇款方式：
开户银行：工行王府井金街支行
账号：0200000709004606170
开户名称：人民法院出版社有限公司
行号：102100000072
邮箱：fysgzzz@163.com

邮局汇款方式：
邮编：100745
地址：北京市东城区东交民巷 27 号人民法院出版社
联系人：王玺佳 010-67550536/18601031761
　　　　靖存锴 010-67550595/18601032892
传真：010-67550541

订购单位				联系人		
联系电话				邮编		
详细地址						
电子邮箱		纳税人识别号				
代号	书名	全年辑数	定价	邮费	合计	订购份数
202510	《刑事审判参考》	六辑	408.00	61.20	469.20	
202511	《民事审判指导与参考》	四辑	272.00	40.80	312.80	
202512	《商事审判指导》	两辑	136.00	20.40	156.40	
202513	《立案工作指导》	两辑	136.00	20.40	156.40	
202514	《审判监督指导》	两辑	136.00	20.40	156.40	
202515	《知识产权审判指导》	两辑	136.00	20.40	156.40	
202516	《涉外商事海事审判指导》	两辑	136.00	20.40	156.40	
202517	《中国少年司法》	四辑	272.00	40.80	312.80	
202518	《执行工作指导》	四辑	272.00	40.80	312.80	
202519	《国家赔偿与司法救助办案指导》	两辑	136.00	20.40	156.40	